书山有路勤为径,优质资源伴你行
注册世纪波学院会员,享精品图书增值服务

张晓岚 ◎ 著

营销诡道
——成长型企业市场销售谋略实录

电子工业出版社
Publishing House of Electronics Industry
北京·BEIJING

未经许可，不得以任何方式复制或抄袭本书之部分或全部内容。
版权所有，侵权必究。

图书在版编目（CIP）数据

营销诡道：成长型企业市场销售谋略实录 / 张晓岚著. —北京：电子工业出版社，2017.6
ISBN 978-7-121-30588-7

Ⅰ. ①营… Ⅱ. ①张… Ⅲ. ①企业管理－市场营销－研究－中国 Ⅳ. ①F279.23

中国版本图书馆 CIP 数据核字(2016)第 297892 号

责任编辑：刘淑敏
印　　刷：北京虎彩文化传播有限公司
装　　订：北京虎彩文化传播有限公司
出版发行：电子工业出版社
　　　　　北京市海淀区万寿路 173 信箱　邮编 100036
开　　本：720×1000　1/16　印张：9.75　字数：130 千字
版　　次：2017 年 6 月第 1 版
印　　次：2024 年 5 月第 18 次印刷
定　　价：49.80 元

凡所购买电子工业出版社图书有缺损问题，请向购买书店调换。若书店售缺，请与本社发行部联系，联系及邮购电话：(010) 88254888，88258888。
质量投诉请发邮件至 zlts@phei.com.cn，盗版侵权举报请发邮件至 dbqq@phei.com.cn。
本书咨询联系方式：(010) 88254199，sjb@phei.com.cn。

推 荐 序

晓岚老师的《营销诡道》即将付印，欣闻之余，回顾与总结这套以"低成本、快营销"为核心要义的"奇胜营销"系统理论，实质上摸索出了适合广大成长型企业在当今"乱市"生存、壮大和发展的不二法门。

诚如本书副标题所言，"营销诡道"致力于构建广大成长型企业的市场销售谋略。要构建这样的谋略，就必须掌握两个重要前提和一套全过程的理论和方法。

奇胜营销思维的第一个重要前提，就是立足于当今市场经济的基本特征——乱市。

乱市最突出、最集中的表现，套用马云的话来说，便是"这是一个抢钱的时代"。在这样一个同行竞争早已白热化、跨界"打劫"四处横行的市场之中，如果企业不具备一种出奇制胜的理念，在战略上出奇、促销上出奇、价格上出奇、产品上出奇、通路上出奇，每个信息的接触点上都步步出奇，是很难避免被淘汰之厄运的。也只有"出奇"，企业才能具有全方位的营销竞争力，从而一步一个脚印，扎扎实实地"集小胜为大胜"。

奇胜营销思维的第二个重要前提，则是成本红利时代的远去。

营销诡道
成长型企业市场销售谋略实录

不可否认，中国改革开放30多年来，国民经济逐步走向了强盛与富裕，今天的中国已经成为世界第二大经济体。而这一切的背后，都蕴含着中国成本优势这一大前提。也正是这一成本红利时代，奠定了我们今天坚实的经济基础。

但是，随着中国社会经济形势的变迁，10年后的今天，我们不仅没有走出成本居高不下的阴霾，更面临着新的挑战和危机：资金外流、制造业不振、房地产业下滑、外资撤离……

这些挑战和危机让我们不得不反思，在成本红利时代逐渐远离的形势下，对于中国企业尤其是广大成长型企业来说，如何在乱市中摸索出一条低成本的营销之路呢？

奇胜营销，就是立足于这两大前提而构建的一套全过程的系统理论和落地方法。

既然当今市场是一个不折不扣的乱市，那么我们的市场营销就应具备战争的思维。纵观古今中外的战争思维，最具智慧的无疑就是《孙子兵法》的"凡战，必以奇胜"。而取法于"兵者，诡道也"的"营销诡道"，实质就是在企业在经营管理的全过程之中，学会低成本、快营销的出奇制胜。

具体地说，企业首先要明确自己的对手、找到自己的敌人；在此之后，便是根据敌我力量的对比，明确进攻战、防御战、游击战和侧翼战的四大战略和战术，并且运用五"独"俱全的标准，打造七大武器（引爆点，建理论，争第一，取名字，找理由，编故事，拜图腾）来全副武装自己，最后通过公关、媒体、广告和促销的四轮驱动，全方位、全过程、全体系地在营销上出奇制胜。

推荐序

　　市场销售谋略的构建，是每一家成长型企业任重而道远的事业。我们深信，具备了奇胜营销的思维，掌握了营销战争的战略、战术和武器，不论企业有多小，也不论问题有多大，都能生存和发展。希望有更多的企业家和管理者能从晓岚老师的《营销诡道》一书中获益，迎接成本红利时代远离所带来的机遇与挑战，真正实现企业发展的更大飞跃，实现基业长青！

行动教育集团董事长　李践

前 言

张瑞敏说："没有成功的企业，只有时代的企业。"

在最近的30多年间，中国企业用冲刺的速度，跨越了西方世界300年的工业化和商业化道路。但还没等中国企业喘口气，互联网时代已经牵引着世界飞奔，以前要间隔几十年、上百年才出现引发商业革命的突破性思想和技术，而今不用10年时间就会出现。当我们都还在津津乐道丰田、通用电气的经典管理时，IBM、英特尔、戴尔、甲骨文等已在开创新时代；但也仅仅10年左右的时间，谷歌、亚马逊、腾讯就引领了潮流。如今Facebook、阿里巴巴、微信、苹果等风头正劲，但特斯拉、工业4.0、可穿戴设备等已经开拓新的创新空间。每一次大变革，都开创一个大时代。中国也与世界同步，一般两个月时间，就会出现新的商业热点。

李鸿章对他的那个时代曾感叹说，"中国遇到了数千年未有之强敌，中国处在3 000年未有之大变局"。此话放在今天，特别是针对今天中国的商业经济何尝不是如此！

对于即将开始创业，以及打算颠覆行业格局的人而言，这是最好的时代，抓住了机遇就可能迅速崛起。然而，对于大多数已经进入了实质运作的公司而言，生存从未如当今这般窘迫过——不仅是经营环境的窘迫，也是经营思想的窘迫。最核心的原因有三：一是信息技术前所未有地嵌入生活场景和工商业过程，展开了新的商业平台，形成了跨界竞争的新竞争形态；二是所有无技术壁垒的行业，几乎都进入了产能过剩阶段，传统的行业内竞争强度接近峰值；三是实业与金融关系撕裂，金融成为吞噬实业利润的黑洞，实业不断"失血"濒危，而虚拟经济由于获得不断的注资而大打免费牌。外部环境和行业变化如此之快，企业已经难以跟上热点、把握时代了。

这样的事情每天都在发生：你的业务领域不断闯入跨界而来的陌生人，如同破窗而入的"外星人"，直接宣称你的家宅就是他们的地盘，并开始接管工作。更令人心烦的是，以往有效的商业工具，在"外星人"面前丧失了所向披靡的魔力，而"外星人"的招数虽然充满花架子，其中的某些招数却直击要害。即使你还在战场上，"外星人"已经骄傲地宣布他们已经胜券在握，以不断混淆视听。糟糕的事情不止一件，更清楚底细的同行发动偷袭，打击你的商誉，挖走你的骨干，抄袭你的创意，挤占你的渠道，以更有诱惑力的利益和许诺在终端劫夺客户。两线作战前所未有地消耗着企业的资源基础和利润空间。如果同时伴有资金短缺，融资成本的高涨将加快企业"失血"，债务规模迅速逼近企业可变现的资产总额，财务支出贪婪地吞噬企业利润，纵然可以维持现金流，也难以看到凭现有业务稳步扭转困局的前景。

这就是中国企业面对的"新常态"，也是全球经济的"新常态"。在宏观层面，中国GDP前30年10%以上的增速，带动了很多企业以相应的速度增长，企业习惯把事情从小做大、从大做强，而今宏观经济增速下降，增长要靠从无到有的创新来拉动。在微观层面，传统商业赚钱的"信息不对称""产品"和"渠道"三大基础已被瓦解。以前，客户掌握的信息有限，

营销诡道
成长型企业市场销售谋略实录

企业可以通过"买的没有卖的精"来赚钱，而现在资讯极其丰富，客户不只是货比三家，而是货比百家，企业的利润空间不断萎缩；以前是产品不足，现在是产品过剩，不论是采用非标准原料还是逃税，行业内总有把价格降到"没有节操"的招数，把行业拉入赤裸裸的价格战；以前，企业可以排他性使用渠道，或者离客户更近，而今电商网页替代了货架陈列，全球物流和快递网络以无需库存、高度裁剪中间环节的成本优势，直接打破了渠道神话，传统渠道只有在加价程度低于同类产品快递成本的情况下，或是及时性、方便性超过快递的时候，才有实际价值。

总体而言，过去30多年是规则被不断颠覆的"营销乱市"，而增加了互联网、经济中低速增长等因素的"新常态"，就是过去30多年"营销乱市"竞争形态的升级版。企业所面对的竞争已经从行业内竞争演变为跨界竞争，从区域竞争转变为全球竞争，从追求均衡的竞争转变为强化非均衡的竞争，所谓"全面"和"完美"成为易碎品。"新常态"是一个更具有财富聚散效应的"营销乱市"。

那么，企业能否在"营销乱市"和"新常态"中生存下去，能否在转化越来越快的时代中发展起来？

我们的答案是肯定的。把握了"营销乱市"的本质，领会了营销战争的精神实质，不论企业多么小、处境多么难，都能生存、发展。

"新常态"是过往的延续和质变。绝大多数中国企业早已认识到：基于行业相对封闭、环境相对静态而提出的4P、4C、五力模型等工具和策略，是学院派的学术化概括，是实力雄厚、以行业基础建设者自居、追求全面能力均衡和绝对行业统治地位的大公司的理想模型。与世界500强相比，中国的绝大多数企业都是中小企业，面对各种看得见或看不见的对手，面对已经称霸行业的巨头和不断进入的草根企业，只能是手头有什么武器就

前言

用什么，什么管用就用什么，战略与战术高度统一，不论哪一个"P"、哪一个"C"、哪一种"力"有相对优势，都要把这个优势用足、用透，先活下来，先把自己的竞争能力做强，坚持下去天地自然就开阔了。

从宏观的角度看，过往的30多年，中国众多企业在竞争中的实践不但创造性地运用了中国传统的商业智慧，也创造性地发挥了欧美日大公司和MBA教育的商业思维和工具。可以说，中国企业界是"营销乱市"的主要造成者和得利者，通过秩序破坏、规则破坏和格局破坏，大量的草根企业蓬勃成长起来，掀起了席卷全球的"中国制造"和"中国商人"大潮。这种破坏既是创新又是毒药——它在宏观层面极大地激发了企业的效率，不断掀起新的商业热点，带动中国的越来越多的产业称霸全球，树立起了方法论的自信；但与此同时，在微观层面上也导致了方法论的贫乏，模仿、拼价格、渠道，一般就是这么几招。另外，作为破坏者的组织惯性和思维方式也严重地制约企业和行业建立起长期稳定的利润基础，太多的企业难以准确把握从"游击战"向"正规战"转化的关键，把前期辛辛苦苦积累起来的资源在"正规战"中迅速耗尽，不得已又退回去当"山大王"。

新常态已到来，这是企业必须过的生死门槛。传统行业因生产力和从业者过剩而竞争更加激烈；跨界整合的价值链重组更加迅捷；市场细分和品类继续细分不断消解企业原有的市场基础；金融工具的介入既能使少数企业一飞冲天，也会让更多企业坠入债务和控制权争夺的深渊。新常态强化了这样的趋势：原有的已经越来越不牢靠，只有不断拓展才能生存。相较以往，企业只有以"全面战争"的心态和状态投入，才能获得生存发展的机会。

"奇胜营销"是一套融战略和战术于一体的全过程竞争武器库。它基于企业面对残酷竞争的事实，直指当下商业领域的核心矛盾，以中国战争

营销诡道
成长型企业市场销售谋略实录

思想为基础，系统总结国内外企业竞争规律和竞争方略，形成简洁实用的方法论，如同截拳道一般因敌而动，招招制敌，务求实效，统筹局部与全局，低成本快营销，以弱击强，以小博大，集小胜为大胜直至决胜，整体提升企业的市场竞争力，是营销战略战术的新发展。中国企业应对"新常态"，"奇胜营销"不可或缺。

目 录

理念篇

第一章　中国版营销之痛　/ 002

痛点一：满足客户需求　/ 002

痛点二：定位定天下　/ 005

痛点三：质量第一　/ 009

第二章　营销，乱市中"出奇制胜"　/ 011

一、抢钱：乱市中的营销　/ 011

二、乱市营销——理乱者先谋权　/ 013

三、营销战争：兵者，诡道也　/ 016

四、"奇胜营销"：凡战，必以奇胜　/ 018

实战篇

第三章　敌情侦查——知己知彼，百战不殆　/ 024

一、找到敌人——营销的首要问题　/ 024

二、敌情侦查三大核心　/ 031

营销诡道
成长型企业市场销售谋略实录

第四章　明确战略——运筹帷幄，决胜千里 / 041

　　一、瞄准行业第一 / 044

　　二、防御威胁品牌 / 048

第五章　配置战术——智者不惑，攻防有度 / 053

　　一、防御战两大战术 / 054

　　二、进攻战三大要点 / 060

　　三、游击战三大原则 / 065

　　四、侧翼战两大招术 / 070

第六章　全副武装——七大武器，决胜战场 / 075

　　一、五独俱全：武器的精良标准 / 075

　　二、天上地下，全副武装 / 079

　　附录 6A　奇胜营销实战案例 / 097

第七章　传播战役——四轮驱动，立体攻击 / 116

　　一、公关联动，造声势拉客户 / 121

　　二、媒体推动，精确打击 / 126

　　三、广告撬动，病毒传播 / 130

　　四、促销卖动，坚守本我 / 132

结语 / 135

理念篇

第一章

中国版营销之痛

在营销学里面，大家一直以为，只要建品牌，只要质量好，只要满足客户需求，就是制胜之道。然而，现实真是如此吗？

痛点一：满足客户需求

在传统的营销理念中，满足客户需求几乎是一个不可动摇的信条。然而，这个信条在中国市场面前，却遇到了不小的挑战，造成了不小的困惑。这让我们不得不反思，满足客户需求就能解决营销的一切问题吗？

第一章
中国版营销之痛

显然不是！

在真实的营销市场中，我们经常看到不少商家一再保证，无论是其产品还是服务都是满足顾客需求的。但实际真是这样吗？

我们知道，被媒体奉为"营销学之父"的科特勒，提出了营销就是满足顾客的需求的观点，影响极为广泛！

然而，我们观察一下真实的市场，情况并非如此。我们会经常碰到一些郁闷的事：明明自己的产品很好，能满足客户需求，但是市场却做不过别人。相反，市场上充斥着一大堆知名品牌，它们的成功，却往往并不是建立在满足顾客需求的基础上。

中国式"满足客户需求"

举例子来说，我们都有过买房子的经验，相信都遇到过如此的困惑：你去看一个房地产的样板房，非常漂亮，布局非常合理，你就把这个房子买下来了。等你装修的时候，却发现根本达不到样板房的效果，觉得非常失望，甚至还责怪设计师太不在行，设计不出来。可是，设计师也一脸无奈，他其实也努力了，依然出来不了样板房的效果。

大家知道为什么吗？这里有一个秘密：过去卖房，我们的样板房就在楼里面；现在都不见了，都跑到售楼部去另建一个样板房，这个样板房卖完以后要拆掉。大家想想，建设那个样板房，实际是花了很多钱的，为什么要拆？这是房地产商做了手脚。做了什么手脚呢？很多样板房其实都比实际的大10平方米。一般来说，消费者去买房的时候，肯定是不会拿着尺子到样板房去量的，所以暗中加大的样板房，大家感到户型设计精彩，超凡脱俗。这不是满足需求，而是销售骗术。

因为消费者要的不是便宜，是占便宜！

营销诡道
成长型企业市场销售谋略实录

现在，大家应该明白为什么比实际效果大了 10 平方米、花了不少钱修建的样板房，会在消费者买房后被赶快拆掉，因为开发商害怕设计师醒悟了，真的拿着尺子去量，拆掉就死无对证了。

营销，不仅仅做大品牌

通过这个例子我们可以发现，营销不像想象中那么美好。对这样的说法，我甚至充满了担心。为什么呢？因为我相信每个人都是善良的，但是在营销行业，很多"坏人"在里面玩。太过善良的话，慈不带兵，你怎么打得过这些人？

要干营销，内心就要足够强大，还要足智多谋，才干得过这些人，才能与"狼"共舞，才能与"魔鬼"打交道，这个行业真是如此。

正是从这一点出发，我们才说，营销并不是像想象中那样，完全是为了满足顾客需求。学营销，最首要的，甚至不仅仅是要做大品牌，因为品牌强大也不一定意味着产品好卖。

举个例子来说，如果品牌强大就会成功的话，中国的吉利跟沃尔沃相比，高低立判。吉利是中国的小牌子，沃尔沃则是世界十大汽车品牌。但是，沃尔沃的营销却不如吉利，所以吉利一样可以把沃尔沃收购掉。

再举个例子，在北京有一家物流公司，它的药品冷链非常成功，做到了行业一流。实际上，药品冷链顺丰也做，但是顺丰在药品冷链的营销上不如它专精深，一样干不过它。

所以，我们才说，小品牌也有打败大品牌的时候，只要小品牌的营销足够尖锐。而此时，无论是大品牌还是小品牌，其成功的关键，是看谁的营销策略强，而并不全在于其是否满足了客户需求。

痛点二：定位定天下

中国版营销的第二个痛点，就是一度流传甚广的"定位"理论。这个理论，曾被夸张地说成"能定天下"。然而，定位，对于营销真的放之四海而包医百病吗？

定位理论也需要更新迭代！

首先，我们要承认，定位理论的确很重要，是20世纪最重要的商业理论。但是，定位在今天也是受到空前挑战的。

为什么？

我们先要问，定位是做加法还是减法？谁都知道定位是做减法。按照定位的理论，手机就是打电话，充其量突出某几个"特殊功能"，但是，今天手机打电话还是不是手机最重要的功能？我觉得现在一天打不了几个电话了。手机今天到底是干嘛的？好像什么都能干：导航、当手电筒、听音乐、照相、游戏，还有付费等。

现在好像越来越不定位了，试想一下，如果定位，肯德基会卖豆浆吗？这不是大忌吗？肯德基卖可乐卖得好好的，干嘛卖豆浆？实际上，肯德基何止卖豆浆，连油条也卖（见图1）。

营销诡道
成长型企业市场销售谋略实录

图 1　反定位的肯德基

试想一下,京东除了开奶茶店等现在又高调开放物流!所以,我们才说,到了今天的市场环境,定位理论需要重新思考。

行业边界模糊时代

定位理论的争论,背后的深层次的原因在于:进入移动互联网时代,行业边界线越来越模糊了。

我们甚至可以说,移动互联网时代的市场特征,就是行业边界线的模糊。

比如说小米,如果你们今天还把小米当作卖手机的,那就落伍了。小米今天做什么事?什么都做了,所有的家用电器都做,从小米空气净化器,到小米电饭煲。甚至现在所有的家用电器,我用一个小米手机都可以管。

第一章
中国版营销之痛

比如说360，杀毒的，现在呢？什么都干：做开关插座、做搜索引擎，还做智能开关。

再比如腾讯，更是什么都干，甚至干到让很多企业倒闭了。

有一段时间，我们晚上起来上厕所之前要干一件什么事呢？偷菜，曾带给我们无数人难忘开心时光的开心网。结果，开心网让谁干倒闭了呢？腾讯应该是"罪魁"。

其实，在互联网领域有这样一句话：你想要做成功什么事，就先问腾讯干不干，腾讯说不干你再干，腾讯说干你就别干了，肯定干不过它。更狠的是，腾讯往往开始说不干，后面什么都干了。

在移动互联网时代，有一家书店的营销最值得我们学习和借鉴。这家书店就是中国台湾的诚品书店。

为什么要学习和借鉴诚品呢？因为在今天的移动互联网时代，好多公司受到强烈冲击。尤其是线下书店，受冲击很强，美国第二大的书店都倒闭了。但是，诚品非但没倒闭，相反做得更成功。这家书店在中国有一家分店在苏州，现在几乎全中国的书店都在学它。

这家书店在移动互联网时代不仅生意不差，还成为台湾著名的旅游景点，它的策略是什么？恰恰是做加法。

它是怎么做加法的呢？实际上，卖书只是这家书店的一项业务，它同时有台湾最有名的咖啡馆，也有很多特色的甜品店、小吃店，还有时尚服装店（见图2）。

书店上面写着一句话，"看书的男人最性感"，所以好多男人抱着书摆着造型在那儿看。在它的服装店写着"到服装店展示你的知识，到书店展现你的服装"。正是这些加法，让它成为了台湾观光旅游的必选之地，是台湾的名片。

营销诡道
成长型企业市场销售谋略实录

图2 诚品书店的跨界"打劫"

营销：做加法

所以，今天的营销是做加法。我们原来都喜欢在外面上网，前几年受移动互联网冲击，网吧慢慢衰落了。但是，大家有没有看见，这两年网吧又起来了。实际上，他们就是在网吧上做了很多加法，而不是减法。

记得曾经看过一本书——《蔚蓝诡计》，作者是被誉为麦迪逊大道上的"坏孩子"——美国广告首席创意指导，也是"艺术指导名人堂"的乔治·路易斯（George Lois），他曾说过定位就是个屁！我的这本书也叫"诡道"，算是向他致意！

痛点三：质量第一

在中国版的营销理念中，一直很强调的一点，就是质量第一。我们说，注重产品质量是无可厚非的，甚至是企业的价值追求。但是，在真实的营销世界里，真的是质量第一吗？

在营销的世界里，排在第一位重要的，不是产品的质量。

这样说，并不意味着产品的质量不重要。我们说过，注重产品质量，是企业的价值追求。只是在营销的世界里，首先是要把产品卖出去。这个时候，对于营销最重要的，恰恰不是质量第一了。

在营销界，质量只是个良心问题，它考验的是我们的良心，并不是你的营销能力。因为任何一个质量，我都可以说比你强，甚至可以具体到比竞争对手高43%、45%，而且还是有证据的。

比如，黄太吉煎饼卖得风生水起，但是你们下次去北京，在北京的任何一条胡同，煎饼果子都比它做得好。然而，黄太吉的生意却是最好的，不是这些煎饼果子摊比得了的。

再比如，现在的一些减肥香皂究竟是真的假的？我们稍稍一分析就知道是假的，为什么？如果这个香皂真能减肥，那这个东西就是危险产品。为什么这么说呢？大家洗澡的时候，怎么保证这些肥皂只流到你想减的地方，流不到你不想减的地方，万一把你不想减的也变小，该找谁去？然而，就是这样的一些产品，不是一样卖得很火爆吗？

营销诡道
成长型企业市场销售谋略实录

  类似的例子还有很多：有些护肤品打广告说，可以去掉鱼尾纹。然而，鱼尾纹的构造跟双眼皮的构造是一样的，鱼尾纹要是没了，双眼皮岂不是也没了？

  还有种矿泉水，喝起来有点甜，但是谁喝出来有甜味呢？即便如此，这类的产品依然很有市场。

  所以，并不是产品的质量好，就能在市场上取胜。对于奇胜营销来说，最重要的，依然是如何通过出奇制胜，把产品卖出去。

第二章

营销，乱市中"出奇制胜"

一、抢钱：乱市中的营销

  我在广东一所学校里，曾问过营销系的学生这样一个问题：可口可乐这个品牌是什么定位？

  有同学回答说，定位高端人群。我反问，农村卖不卖可口可乐？他们回答，农村小店也卖。我又问，五星级酒店卖不卖可口可乐？他们领悟了过来，回答说也卖。

  2008年汶川大地震，有个小孩从土里面被刨出来，与救援人员见面的第一句话居然是有没有可乐给我喝？太伟大了这个品牌！

  所以，今天不讲求定位了，尤其在中国更是这样。我曾经买过一种方

营销诡道
成长型企业市场销售谋略实录

便面，估计跟我一样，有不少人上过当。我买了回去打开一看，怎么只有两包调味料？于是，我就去找那个老板，说要换。他说为什么要换？我说康师傅有三包调料，这里面才两包。老板淡定地说："你看好了，这不是康师傅，是康帅博。"

这告诉了我们一个道理：我们学定位，所有的分析、概念，是基于成熟的市场才有用的。就如同这个案例中的"康帅博"，明显就是在恶意"模仿"，我们后面会说到，这就是一种营销诈术——"傍大款"。可是，你却拿它一点办法都没有。

因此，我们才说，把成熟市场上有用的东西，拿到不成熟的市场上用，很难行得通。

前段时间我在国外的网上看中一个几千块钱的烟斗，就问那个外国人怎么付款？他说你只要拍下信用卡的正面和背面的照片给我们，就可以扣款了。

我很好奇，也有些担忧：没有密码，只凭卡的正反面，对方就能取你的钱了，万一钱被盗刷了怎么办？

老外说你放心，钱不会被盗刷。我大胆地把两张照片发过去，结果显示真的付款成功了。这就是成熟市场的规则！

但是，在没有规则的乱市却坚持用有规则的方法去做，怎能不吃亏？

在这样的市场中，营销的目标是什么？就是赚钱！

我们要赚的钱在哪里？过去我们总以为钱在消费者手上，其实不然。钱确实是在消费者口袋里，可是一旦消费者有了购买欲，这个钱已经不再属于消费者了，将属于你和竞争对手。所以，我们要赚的钱应该在竞争对手那里，最重要的就是把消费者从竞争对手那里抢过来！

二、乱市营销——理乱者先谋权

在乱市营销中，出发点应该是而且也必须是，立足于竞争获胜。

毛主席说，枪杆子里面出政权。乱市中要坚持的战争谋略是什么？抢！武器可以自己抢来，市场份额也可以抢来，要想成功，只有一条出路——去抢。

今天的市场，没有一个行业不饱和，没有一样产品不过剩。市面上同类别的公司，即便同时消失10家、5家，消费者们也不会有感觉。

所以，企业家要生存，只有抢。我们主张企业应该从产品导向、客户导向转变为竞争导向。这是基于环境的迫不得已，也是对企业负责。在乱市营销中，产品导向和客户导向并非没有价值，但不能确保企业走向最终的胜利。

这也是奇胜营销认识问题和解决问题的出发点。一旦确定这样的立场和出发点，企业就能够打开新的发展空间。

支付宝的商业模式是想抢银行的生意，微信支付又是对付支付宝的（见图3）。360做杀毒软件做得好好的，为抢百度的钱，360开通了搜索的业务，抢到了百度30%的市场份额。

营销诡道
成长型企业市场销售谋略实录

图3 乱市的抢钱思维

麦当劳、肯德基突然发现销售额下滑了，找原因才发现是因为中国成年人都不吃这些食品了，但是小孩爱吃。成年人进店都是为了陪着孩子吃，怎么办？赶快卖咖啡、稀饭、豆浆、油条、面条，大人们想要吃的都有，现在是抢钱思维！

苹果公司为什么能成为世界500强？因为它抢了很多行业的钱，自从有了iPhone 4以后，卡片照相机彻底被淘汰，即便曾经全世界销量最好的索尼随身听，遗憾的是耳机现在也插在手机上。

华为做手机，一年销量就超过小米了。明眼人都应该看得出来，他们的很多策略一定研究了小米多年，雷军的所有套路他们都懂。小米原来的口号是"为发烧而生"，现在华为针锋相对的是"为退烧而生"（见图4），小米现在改口叫"国民手机"，又回到传统上，招一堆明星来做。去年小米的营销风格大变，不但广告投入剧增，也开始明星代言了，这些手段都

第二章

营销，乱市中"出奇制胜"

是雷军过去嗤之以鼻的，现在怎么样？对手会教育他！

图4 小米 PK 华为

市场是饱和的，只有一个办法，就是对手弱了，你才有出头之日。过去的营销，天天在想满足顾客需求，而竞争对手天天在抢我们的顾客，所以我们今天要开始考虑到战胜竞争对手。

所以，任何一个产品的成功，都是建立在若干竞争对手相对失败的基础上。要成功只有一个办法，就是竞争对手失败。

三、营销战争：兵者，诡道也

今天的市场，是个以抢钱为主的乱市。它的真实面目，就是一种战争思维。所以，我们可以简单地概括，营销就是战争。

战争，就是敌对双方为了一定的政治、经济目的而进行的有组织、有计划的暴力行动。看来，经济目的，本来就是战争的要素之一。今天，我们乱市中的营销战，同样可以假设为竞争对手就是敌人，进攻阵地就是市场，消费者可以比喻为被俘获的俘虏。

正如巴顿将军所说：一个害怕战争的民族不会有未来！无独有偶，美国一位世界著名企业家也说过："一个害怕竞争的企业不会有前途！"

既然营销被比喻为战争，那么这场仗应该怎么打呢？打仗的技术，中国是有发言权的。全世界出土最早的兵书，就是我们的《孙子兵法》。这本奇书指出，兵者，诡道也。"诡"指奇异、欺诈；"道"原意是途径，后来引申为方法与计谋。

也就是说，打仗是要用诡计、出奇制胜、战争思维才能取胜的事，营销也是这个道理。

鲁花的品牌总监初志恒先生就曾指出，鲁花使用的是暴力营销的方法。过去，鲁花的广告是"滴滴鲁花，香飘万家"。显然，这是一种满足顾客需求的广告诉求，没有太强的销售力。而后来的"非转基因"，显然矛头直指竞争对手，广告效果当然厉害百倍（见图5）！

第二章
营销，乱市中"出奇制胜"

图5 "非转基因"：剑指对手的鲁花广告

有一款摩托车，一直在中国市场排名前列。我们几乎看不到它们做什么广告。产品卖得这么好，全靠它的背书日本三菱。然而，此三菱非彼三铃。但是，消费者却分不清，以为是个国际大品牌，所以它销售好也是意料之中的事。

我们服务过一家做螺旋藻的企业，当时我们看到它的竞争对手为了打造防火墙，多年诉求程海的螺旋藻最好。这让我们找到了战机，注册了"程海"商标。今天，这家企业已经上市，是我的忠实粉丝。

四、"奇胜营销"：凡战，必以奇胜

凡战者，以正合，以奇胜。正如前文所言，这里的"正"是实力，而奇则对应的是机遇。正是方向感，奇则对应分寸感。正是原则性，奇则是灵活性。正是常规打法，奇则是特殊打法。正是正面钳制，奇则是背后突袭。正是正规战，奇则是游击战。正是直接进攻，奇则是迂回包抄。

传统的营销过于套路，在乱市中难以取胜，尤其是我们成长中的企业，一开始过于正规，必然被动挨打。

我们看到，解放战争时期的三大战役，仗仗都是正规战。而在这之前，我们的人民军队，运用得最灵活的却是游击战。这就像我们成长型的企业，一开始盲目地崇拜正规的营销，一样的不识时务。

我遍观世界兵书，无论是《孙子兵法》，还是《三十六计》，抑或克劳塞维茨的《战争论》，其核心要义就是出奇制胜，唯有出奇才能成功。

宝姿身世之谜

有个女装品牌叫作宝姿，其知名度仅次于LV，谁都不会怀疑其是源于法国的品牌。但是，其真实情况却是真真正正的国货，产地就在福建。

我听说，巴黎春天百货的老板陈启泰有一句名言："每个消费者就是一张白纸。"关键就看你在上面写什么了。这是一种把人生活明白了、把市场看透了的睿智。我不认为，这些企业有什么不妥，营销确实是需要一

第二章
营销，乱市中"出奇制胜"

种手段。

就像广东佛山的那一堆取着外国名字的品牌，无论是蒙娜丽莎地板砖，还是马可波罗地板砖，甚至达·芬奇家具，不取这些名字，你让它们怎么办，难道要取黄飞鸿地板砖、叶问家具吗？只有用现在的名字，市场才能做得更好。我认为，它们用的就是奇胜的营销思维。

我看见王老吉和加多宝配合如此默契的推广（见图6），这三个月你骂我，下三个月我骂你；你做上面我就做下面，你做下面我就做上面，如果它们背后是一个人策划的，那么这就是一个标准的奇胜营销的思路。

图6 配合"默契"的王老吉和加多宝广告

所以，我常跟朋友开玩笑说，营销就是一种"欺诈之术"。有一位女同学不理解地问我，她跟我学了很多东西，唯有营销是欺诈这一点，她过不了心里的坎，因为她说自己不想骗人。我为了启发她，就问她："你擦

营销诡道
成长型企业市场销售谋略实录

口红了没有？"她看着我足足有一分钟，恍然大悟地说："老师，我懂了！"其实，又何必如此在意呢？如果擦口红是欺诈，那么我们烫个头发、穿个漂亮衣服，那不也是欺诈了吗？

鲜橙多里面是不是真的橙子多？可以这样说，只是因为这个产品被叫作"鲜橙多"。

我们也看到，在方便面广告中，大块大块的红烧牛肉，我们相信在打开冲泡时，是找不到的。

同样，一直在播放的广告中所谓认证的"全国牙防组织"，也不是什么正规机构。就连那些认证，也是可以花钱搞定的事情。

所以我们才说，战争不避讳诡道，关键看你怎么运用。电视剧《潜伏》里面的余则成，对待敌人肯定不能讲实话；给小孩喂药，同时也要给他吃糖。一切的关键，还是要看你的初心。为了达成美好的结果，手段可以灵活一些。

我们都知道一个观点，一个公司的销量，相当于木桶的蓄水量。木桶的蓄水量，取决于最低的板。所以，传统的营销思维，就是补短板。这样的做法，显然不错，但是需要成本、时间，对于成长中的企业来说，还不如把桶放斜，木桶倾斜了，水就装多了，此时再补短板也不迟（见图7）。

图7 "木桶原理"的启示

第二章

营销，乱市中"出奇制胜"

我举三个企业用"欺诈"之术，最终取得成功的案例。

有一家台湾的咖啡店卖的咖啡，有点像雀巢，可以买回家放冰箱里慢慢喝。但是，在保质期上它是有问题的：别的咖啡买回来一个月不会坏，但是这个咖啡买回来当天不喝就会变质。

还有一个案例也很有意思。当时，有家饮料企业想要解决其沉淀物问题，决定购置设备，打听下来花钱不少，于是就犹豫了。

再来说说云南的黄龙玉，大家都认为有个致命的缺点，就是容易变色，品质不高。

如果按照传统营销思维，这几个品牌都会陷入危机。然而，用奇胜营销的思想，用战争的思维考虑一下，却完全可以扭转乾坤、转败为胜！

例如，这家咖啡店推出了一句超越对手的销售理念：咖啡只喝当天的。那家饮料企业显然没有花巨资去购置设备，只用了一句"喝前摇一摇"，就把问题消灭于无形。而云南黄龙玉则转变观念：会变色是个缺点，但同时也可以是非买不可的卖点，甚至成为其最独特的引爆点——只有会变色的玉，才能成为像龙一样的玉！

英国首相丘吉尔在第二次世界大战中说过一句话："战争中的真理如此宝贵，我们需要用谎言来护卫。"

我们看到，很多成功企业的创始人都有过一段共同的经历：联想柳传志、海尔张瑞敏、华为任正非、万科王石等，几乎都当过兵。我们可以相信，他们在创办企业时可能也不懂营销，对管理也知之甚少。但是，他们却有一种惊人一致的品质，让他们在乱市中脱颖而出，那就是会在企业营销里面运用战争思维，为企业找准对手、制定战略、确定战术。

我常常接待来自全国各地的企业家，他们谈及自己产品的时候，就像对待自己孩子一样，信心满满。但是当他们提及对手的时候，却知之甚少。

营销诡道
成长型企业市场销售谋略实录

一旦觉得对手厉害的时候，又会疑虑重重，不知所措。

营销战争上，改变要从选择路径开始。我们过去用的方法是产品导向，每天想着怎么提高质量、提高性价比、改善包装。慢慢地，我们进入了客户导向时代，提供更好的服务、更有性价比的产品。但是，当下的市场，竞争已经白热化，要想发展，眼睛必须要随时盯着竞争对手。

集小胜为大胜

我之所以倡导营销是全过程的控管，就是想提醒那些成长型的企业，不要天真地以为一个点子、一个方法就能解决问题，这是一种幼稚思维。我们要树立的是一种全过程的系统思维。

正如毛主席所说的"积小胜为大胜"，企业也要树立一种一步一擂台、步步出奇的扎实作风。战略上出奇、促销上出奇、价格上出奇、产品上出奇、通路上出奇，每个信息的接触点上都步步出奇，才能具有全方位的营销竞争力。出奇才能低成本，出奇才能快营销！

磨刀不误砍柴工，我们将跟随奇胜营销的道路，一步步地培养用战争来解决营销的整体思维模式。现在，我们整装待发，去迎接营销实战的洗礼！

实战篇

第三章

敌情侦查——
知己知彼，百战不殆

一、找到敌人——营销的首要问题

我们在前文论证了营销就是战争，和战争思维模式类似的营销，其首要问题是什么呢？当然是找到敌人，先对敌人进行调研。

《孙子兵法》说，知己知彼，百战不殆。过去我们是从消费者的角度去了解市场，现在我们采用的办法，则是以竞争对手为主导的敌情侦查。

毛主席有一篇文章，叫作《中国社会各阶级的分析》（见图8），第一句就掷地有声地指出了革命的首要问题是什么。答案是："谁是我们的敌人，谁是我们的朋友，这个问题是革命的首要问题。"我原来认为这两句话分量相等，后来我发现，伟人就是伟人，这两句话有轻重之别。谁更重要？

第三章
敌情侦查——知己知彼，百战不殆

敌人。

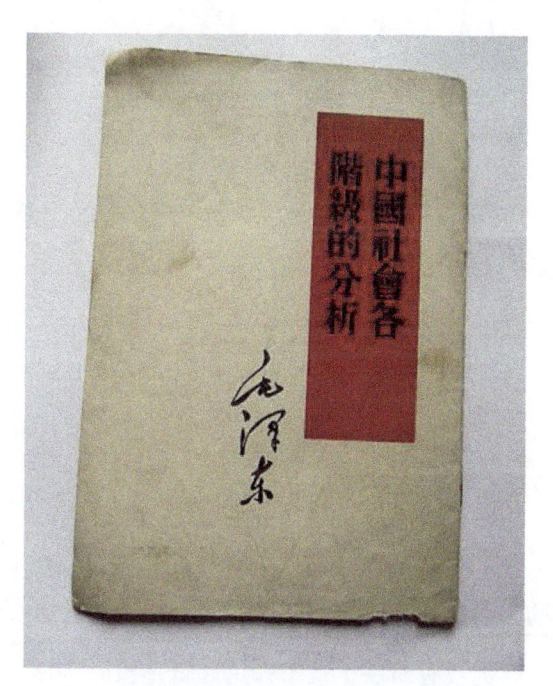

图 8　毛主席的名著《中国社会各阶级的分析》

正是基于这样的战略分析，毛泽东确定了工人无产阶级领导、工农联盟为基础的革命路线，然后去进行农民运动实际考察，打击地主分田地给农民，组织带动农民进行革命，农村包围城市夺取全国胜利。

所以，我们认为，做营销的第一步，也和闹革命的第一步一样，就是先确定谁是我们的敌人。营销的首要问题在这里。有了敌人，相应的战略战术就迎刃而解了。战略上藐视敌人，战术上重视敌人。在商战中选择正确的敌人，如果能彻底战胜对方，就能获取胜利的果实；如果对方在战术上没大错，双方可以在互相斗争中共同提高，也是一种境界。

有人采访可口可乐的高管，问可口可乐百年不衰的秘诀是什么。高管的回答是：因为有百事可乐。

营销诡道
成长型企业市场销售谋略实录

王老吉和加多宝为什么卖得好？因为它们正确地选择了对方为对手，在互掐中把行业炒大了。

营销界有个故事，说一条大路两边面对面开了两家饭馆：一边川菜，另一边湘菜。它们天天对骂，两边拿出菜品比促销、比特价，互不相让。吃客觉得很好玩，来了总有一家能给优惠或惊喜，搞得两家生意都很火爆。后来，其中一家的老板年纪大了死了，另一家也随之搬走了。后来租房子的人发现：这两家饭馆的地下是通的，其实他们是一家人。他们面对面竞争，把吃客都吸引来了，旁边开馆子的就开不下去了。你说这奇不奇？

找不到敌人？你完了

有没有企业找不到敌人啊？我们来看一个案例。

王家卫导演过一部电影叫《一代宗师》，他在里面说练武之人最忌讳无师、无对手。因为没有对手，就不知道高低；没有师傅，就不知道应对方法。所以，有对手是所有企业的福分，也是所有企业开始营销策划首先要解决的问题。

360第一次出名是因为跟腾讯打了一仗（见图9）。它虽然没把腾讯打败，但它反手把卡巴斯基、瑞星打掉了。通过和第一名对战，即使做不了老大，那也成了老二，那些老三和杂牌就难混了。所以，企业一定要有敌人做参照物，一定要针对敌人来展开一系列的攻坚。很多高速成长的企业，之所以发展迅速，甚至百年不衰，就是因为正确地选择了敌人。例如，可口可乐对标百事可乐，麦当劳对标肯德基，联合利华对标宝洁，康师傅对标统一，联通对标移动，激活对标脉动。

第三章
敌情侦查——知己知彼，百战不殆

图9　互掐中的百度和360

最悲催的莫过于诺基亚了，在被微软收购的时候，其高管还在台上说自己什么都没做错，但是却输了。市场最大的悲剧，就是失败了还找不到敌人！

时刻不忘对手存在的威胁

云南有个洗衣粉品牌，我们当时负责它们的广告宣传。这家洗衣粉品牌推出了环保的无磷洗衣服概念，其广告语是"保护滇池，人人有责"，深得社会认可，它也不遗余力地到处呼吁停止销售有磷洗衣粉。

最后，政府被这一情怀感动，下令从某年某月某日开始，市场上必须停止销售所有的有磷洗衣粉。当时，它自认为必胜无疑，我们也为其感到高兴。

然而，我们却忽略了对手的存在，忘记了对手的威胁。当到了政府要求的期限时，我们走进市场一看，全愣住了，因为一夜之间，市场上所有有磷洗衣粉全部摇身一变，都推出了无磷包装和无磷产品。很显然，以后的故事大家也应该猜到了。我们所说的这家企业，最终失败了。

营销诡道
成长型企业市场销售谋略实录

是什么造成了这家洗衣粉厂家的大败局？细想一下，消费者会不会为了保护滇池的环境去买无磷洗衣粉？不会。这就是企业不了解人性的地方。"保护滇池"这样的广告语并不触及人的欲望，老百姓的关注点在买到的洗衣粉洗得干不干净、伤不伤手。他们会说，保护滇池，跟我有什么关系，滇池又不是我们家的。更重要的是，他们忽略了竞争对手的存在。这是其完全失败的根本原因。

低成本、全过程营销，就是每一个细节都要与对手比较，这才叫把敌人和自己都琢磨透。哪怕同样是一张名片，也要考虑这张名片能不能比竞争对手更能够带来客户，而不是只考虑把自己的姓名、职务等印上去。

酒鬼酒刚上市时，就另辟蹊径。它花的广告费不多，但知名度很高，甚至可以说突然闻名全国了，因为当时酒鬼酒是第一个敢把价格定得比茅台酒高的产品。在白酒市场，茅台就是标杆，大家都不敢越过它的高度，而酒鬼酒就敢，大家自然就是关心谁是越过这个标杆的人。

找不到对手，怎么办

在我的课程上，每期都有学生找我探讨，说自己真的找不到对手，该怎么办？

遇到这样的问题，我都会给他们讲一个故事：国外有个科学家做过一个实验，让一个优秀的跳高运动员在撤掉横杆的时候去跳高，看他是否还能取得好成绩。结果，他再也无法跳到以往那么高了。当把两边的竖杆去掉时，他就跳得更低了！

这个故事告诉我们，对手其实是一个很好的参照物，因此一定要有前瞻性地去找对手，看同行业有没有对手，国内外有没有对手，跨行业有没有对手。

第三章
敌情侦查——知己知彼，百战不殆

如果还是找不到对手的话，我只能回答有两个原因：

第一，你根本不了解这个市场。

第二，根本就没有这个市场。

不了解这个市场，就必须下力气去深挖、探求；而根本就没有这个市场，就像庄子的"屠龙术"所讲的故事一样，花了九牛二虎之力，耗尽家财，学来的屠龙剑法，却根本找不到龙，只能去杀一只苍蝇，毫无用处！

找不到对手，用雕爷牛腩的话说，干掉你的，是你之前根本不认识的敌人；在你的对手名单上根本不出现的人，三年后把你颠覆了，你想都没想到。是啊，这就是跨界打劫时代给我们的启示。

马化腾认为，是在新浪微博的强大压力下，才催生了腾讯推出微信。如果没有微信，腾讯可能已经衰落了。

同样，美团和大众点评（见图 10），也是在找到了对方作为对手之后，才在相互的压力下，各自得到了更大的发展！

图 10　美团与大众点评之争

永远不要忘记敌人的威胁。在国内市场唯一一家可以跟宝洁抗衡的企

营销诡道
成长型企业市场销售谋略实录

业"霸王",就是被一场炒作打垮的,至今都没有恢复元气。

我们过去曾经服务过的一个低端白酒品牌,在区域市场,已经做到了70%,可谓绝对领导品牌。

但是,一天,一家餐厅进来五个彪形大汉,喝了一瓶酒之后口吐白沫,同时电视台、报社就进来了。当晚,电视台出来了新闻,题目就是——一瓶××白酒,放倒五个大汉!

当时,企业没有危机公关意识,媒体关系不到位。就这样,企业苦心经营所打下的江山,就被敌人的一次奇袭打回原形。其实,直到今天,我们依然没有找到那五位大汉。对手的可怕,由此可见一斑。他们往往在你无法想到的地方出拳,险哉!险哉!

因此,我们才说,找到敌人,你才能了解行业趋势;找到敌人,你才能真正洞悉客户;找到敌人,你才能更好地了解自己。关键是,找到敌人,你才能确立正确的战略。

二、敌情侦查三大核心

1. 选择敌人

（1）发展空间——值不值得做

就像前文所讲，连敌人都找不到的战场，是没有发展空间的，是不值得做的。古人说：君子不立危墙之下。俗话说：男怕入错行，女怕嫁错郎。选择战场，决定了企业的发展空间。

要评估一个行业值不值得，就是看第一名的营业额及年增长率。如果第一名的营业额很小，增长率也不高，这个行业是否值得做就要考虑了。

有个做扇子的小企业主，一年到头用尽心思，营业额就是100多万元，日子很充实，但是从产业来讲不值得。

营销中，想产品的广告语、名字，这些前端设计固然重要，但是顶层设计，一开始选择的项目，就已经决定创业的前途。如果战场选择不对，竞争对手最大产值也才5 000万元，再如何做策划，你也就是3 000万元的产值，不值得。此时，我就会告诉你，干脆重新选择战场。

（2）竞争态势——能不能做

找到了值得做的市场，还要看能不能做，有三个判断原则：

第一，已经形成二元竞争的领域尽量不做。如果这个市场同时有两个第一名，这个市场就太难做，这就是二元竞争格局。

可口可乐、百事可乐占据行业巨头位置后，即使像娃哈哈的宗庆后这

营销诡道
成长型企业市场销售谋略实录

样的高手来运作"中国人自己的可乐",最终也只能放弃。同样,福建泉州的"汾煌可乐",也没有成功。

在二元竞争的领域,如果新进入者不开创新品类,就很难以打开局面。

小包装饮用水市场,曾经是娃哈哈、乐百氏两种纯净水的二元竞争。农夫山泉首先定义自己是自然的矿泉水,开辟出新的品类,从此进入了中国小包装饮用水的第一梯队(见图11)。

图 11 开辟新品类的农夫山泉

美国的快餐市场,是肯德基和麦当劳以汉堡为主要产品的竞争。赛百味只有在树立热狗品类的新体系之后,才闯出了巨大的市场。

第二,核心资源已经被垄断的领域尽量不做,除非能依附在垄断企业身上做外包服务。

一次,一个做啤酒的企业家过来告诉我,现在红酒卖得火,想要改做红酒。我说,你要真的做红酒,哪来的葡萄?如果没有资源,就没有优势,做了也是死,还不如找个贴牌来做。

第三章
敌情侦查——知己知彼，百战不殆

第三，要看行业是不是夕阳产业。

营销可以帮助各位打败竞争对手，但是，打不败的却是趋势。

我原来的BB机的号码还是2000号，那时候正好2000年，这是一个很好的号码。当时，有人出5万元钱，要我转让号码，我都没卖。现在我已经很后悔了，为什么不卖呢？那个时候的5万元，相当于现在的50万元。没想到，2000年没过多久，BB机的市场就消失了。这就是打不败的趋势。所以，当某个行业处于夕阳态势时，就不能去做了！

一个高明的领袖，一定知道什么情况下要放弃，什么情况下要妥协，什么情况下要变通，什么情况下要坚持。不知道放弃的人，本身也就缺乏持续的商业创造力。

（3）对照自己，找到变化——怎么做

在了解了值不值得做、能不能做之后，要思考的就是怎么做。这就需要对照自己，找到变化，思考从哪儿抢市场。

找到变化，具体怎么办？要么升级，要么转移。升级转移完，再重新打拼，完成一个闭环的过程，觉得不行，就再来个循环，再升级、转移。一直到找到值得做、适合做、能够做的事情，再寻找机会。

什么叫升级？

我原来预言说肯德基、麦当劳会在中国失败，现在我收回这个预言。我觉得自己低估肯德基、麦当劳了。过去，我之所以认为要失败，是因为它们做的是西餐，在当时那个年代属于高档餐厅，一般人承受不了。

但是，今天麦当劳和肯德基，已经变成低端消费了。不仅如此，现在的肯德基、麦当劳也在进步，已经推出中餐，现在还开始有了流动售货。敢于变化，这就是在升级。

升级是在原有基础上做改进，转移就是原来的不要了，开发新领域重

营销诡道
成长型企业市场销售谋略实录

新干。这也是很多企业家把自己限制死的一个误区。很多人受的教育就是这一生只能做当下的这件事。怎么可能呢？人生的道路那么多变化。

这方面，最具代表性的就是万科：从一开始的卖玉米，到现在的卖房地产。

同样，史玉柱也经历了多次转移：保健品、游戏，都是其涉猎的领域（见图12）。

图12 多次战略转移的史玉柱

战略转移的典型案例就是两万五千里长征。红军当年在井冈山已经很厉害了，面对敌人的围剿，仍然选择果断撤离，就是要"打破坛坛罐罐，轻装上阵"。红军开始两万五千里长征，途中还要宣传，说长征是宣传队，长征是发动机。最后，长征是以我们胜利，敌人失败的结果而告终的。

2. 确定敌人

（1）领导品牌——你打谁

找到敌人后，要确定敌人。每个企业一定至少要确定两个敌人或对手，如果只看一个敌人，螳螂捕蝉，黄雀在后，真正致命的对手还在后面。

第三章
敌情侦查——知己知彼，百战不殆

这两个敌人，一个是你打谁；另一个是谁打你。目标区域内的领导者，就是你要进攻的对象。如果你已经是区域领导者，要在全国、全球范围内寻找对手。

不要认为没有对手想打你，只要在商场上，就不可能没有要对你下手的对手。对手早就在琢磨你，俗话说不怕贼偷就怕贼惦记，被仔细琢磨透了，就是对手发起攻击的时候。

还有一种情况，就是运气特别好，撞入了新品类、新市场，但千万不要以为这样就没有对手了。任何一个新市场，都建立在对老市场颠覆的基础上。被颠覆的那个老市场，就是其对手。

例如，支付宝出来时，银行肯定受到了打压；滴滴出来时，传统出租车行业必然受到打压，难怪出租车司机会举着横幅四处抗议！

那么，找不出与对手的差异怎么办？那就人为地制造摩擦、战争。

针对可口可乐宣导自己是正宗美国传统的一部分，百事可乐无中生有，宣称自己是"年青一代"，从而"栽赃"可口可乐是老年一代。然而，谁能说清楚哪瓶可乐是年轻的，哪瓶可乐是老年的呢？这完全就是玩概念游戏，目的就是人为地制造对手之间的战争。

（2）威胁品牌——谁打你

在阿里巴巴的成长过程中，京东的进攻曾产生过重要作用。

最初，阿里巴巴的主要商业平台是淘宝，京东抓住淘宝初期商户鱼龙混杂、顾客会买到假货的弱点，以比较严格的商户认证发起对淘宝的进攻。阿里巴巴一方面完善淘宝的诚信和保障体系，另一方面推出天猫，形成了更加完备的电商平台体系。

康师傅和统一，产品上针锋相对，方便面、茶饮料、橙汁饮料、酸梅汤、冰糖雪梨饮料……一旦出来一个新品种，另一方几乎都会有一个同类品种

营销诡道
成长型企业市场销售谋略实录

推出来。

前两年，中日关系出现波折，突然有一天有人说康师傅是日本参股的企业，也要抵制康师傅的产品。

实际上，资本是跨国的，日本软银的孙正义就投资了阿里巴巴、UT斯达康、新浪、网易、携程、当当、猫扑、分众传媒等一系列机构，也没有人质疑。康师傅被贴上民族标签，何尝不是商战中可能遇到的意料之外又在情理之中的情况。

这是在确定敌人的过程中，一定要同时做好对威胁品牌的防御，知道谁会打你，防患于未然！

3. 分析敌人

（1）胜与败——消费者的选择理由

企业行为的终点是市场，起点也同样是市场，而不能是办公室或计划书。市场是检验企业决策正确、成功与否的唯一标准，胜与败不取决于产品本身，而取决于消费者的选择理由。

不论在商业计划、广告宣传和促销公关中如何阐释自己正确、诋毁对手错误，只要市场不认可，都算失败。

同样，分析敌人要从市场的背后更深层次去下功夫，不能仅从市场表象，更不能拍脑袋按照自己的想法想当然地解释。

我曾经到一家药厂进行市场营销讲座。面对听讲的众多研发人员，我提出要有创新意识。一位老专家站起来说：所有的药品都按国家要求生产，新药多年难见一次，难出一种，而且投资巨大，要创新、要做差异化，谈何容易，请老师指导。

于是，我举了市场上一种声称"白天吃了不打瞌睡，晚上睡得香"的感冒药做例子，启发他们差异化和创新的意识。老专家马上反驳，那不是创新，其实它就和普通感冒药差不多，只是白天那一片没有加有镇静抗过敏效果的盐酸苯海拉明而已。所以，白天的那一片效果微乎其微。

我感觉，这位老专家所反驳的，就是营销所追求的市场背后藏而不露的深层次原因。只要消费者认可，就是新品类，就是创新。在市场中，我们所要求的创新，在技术上的改变并不大，但它通过产品的概念包装——包括商品名、推广用语、宣传方式等进行放大，强化了物理层面的差异和创新，消费者心中的新品类自然就诞生了。

很多人都知道，市场上送礼的某知名品牌，其主要有效成分就是褪黑激素。人脑的松果体会自行分泌褪黑激素，调节作息规律，诱导自然睡眠。作为一种比较安全、常用的安神、安眠用品，褪黑激素已经被广泛使用。

虽然在技术上几乎没有创新，但是在营销上另辟蹊径被推广为"孝敬爸妈"的礼品，冠以响亮的商品名，就得到了消费者极大的认可，开辟出巨大的市场。

市场充满了奇妙和奇异，对手的成功往往就在于你不了解的地方，对手对你的致命攻击也往往出现在你意想不到的地方。

要想胜出竞争对手，就必须在市场深层次和它们营销背后的谋略上，找寻出奇制胜之道，不要为表象所迷惑。

这也要求我们，今天的市场调研不再是过去简单地发发问卷、收集整理，而必须深入问题的核心，去寻找背后鲜为人知的制胜之道！

我最喜欢的方法，是重点小组访谈，把消费者、经销商、厂家8人一组分成若干组，每一组深入座谈。有时，甚至要求企业派遣卧底到竞争对手那里去学习，既不捣乱也不破坏，只是学习。这些卧底认真工作，为对手创造了效益，以至于离开时竞争对手还依依不舍地挽留。

而这之中用到的方法，就是"走出去"+"请进来"。

（2）"走出去"+"请进来"

分析敌人除了了解消费者、了解市场之外，更要走出去和请进来，培养自己随时随地关心市场的习惯，正所谓处处留心皆学问。要对自己所经营的行业充满着好奇，充满着热爱，要对自己的产品无限着迷。

我有一位客户，贵州拾禾餐饮文化管理有限公司的董事长刘山，一跟人聊起餐饮，可以聊到深夜两三点钟毫无倦意，一听见、看见好吃的，就"一嘴口水，就想吃"。

我在昆明的一位客户，子弟土豆片的董事长黄思烈，在创业时，一听到什么地方有好吃的，就马上坐飞机去试吃。他手下有个人绰号叫"狗嘴"，什么东西吃到嘴里，马上就能把配方写出来。这样的对手，让人害怕；这样的企业，焉能不成功！

研究市场，关键是抓住制胜的牛鼻子！我们风驰广告刚创办的时候，之所以在短时间内成为全省最强、全国十强的公司，并没有走传统广告公司的道路，去完善所谓的创意能力、设计能力及以策划文案能力等。

说实话，这些方面，当时我们并不是最强的。此时，我们在忙什么呢？李践老师找到了当时中国广告业最发达的上海去研究。他发现，所有的创意、设计和文案，都不是广告公司最赚钱的牛鼻子。广告公司真正要有发展，必须要靠自有媒体。而自有媒体之中，最容易操作的就是户外广告。

所以，在整个昆明广告界都在钻创意、设计、文案牛角尖的时候，李践老师却找到了牛鼻子。牛鼻子找到了，一切皆对，我们一年就成功了！

认准了要从事的行业，就一定要多走出去，去了解行业的领先者，去了解最主要的对手，去寻找在这个行业成功的牛鼻子。这并不难，因为竞争对手往往会教会你一个市场选择他们的理由。

第三章
敌情侦查——知己知彼，百战不殆

如何才能更好地了解对手？

了解和调研对手要讲方法，甚至要讲谋略。传统的街头调查问卷，或者随机打电话调查的方法，显然难以发现市场背后深层次的原因，效率很低，需要创新创意。

例如，有人把街头问卷的方法很巧妙地进行组合创意，效果大大改善。比如，给蹲厕所的人发放问卷，结果发现问卷填写得很不错。

又比如，有家饮料企业想了解凉茶市场的真实销量，调研人员无计可施，因为经销商、通路商都不可能如实回答。最后它们想了一个简单直接低成本的办法：让环卫工清点一定时间内收集到的饮料罐，并清点出自己和被调查者产品的数量。根据各种罐子数量的比例，乘以自己产品在市场的总销量，就可以得出自己和竞争对手的销量。这些办法都是值得借鉴的！

的确，市场调研、敌情侦查是营销里面制胜的关键，也是后面所有谋略成功与否的基础，所以这项工作是众多营销强悍的企业处心积虑、挖空心思下足功夫的环节。

比如，有些奶粉企业为了获得"第一"，在婴儿还没出生前，就从医院买到了婴儿的信息，有的放矢、精准定位地施展营销攻略。其实，这样的做法屡见不鲜。在国外，有一个信息被炒到5美元的例子。今天，我相信，很多人的信息都通过各种途径被商家掌控，这就是一种大数据营销。

我亲自操盘的时尚饰品"Just us"策划全案，当时，为了避开正面竞争，创造新的品类，我们把市场锁定为大学生，利用我在大学讲课的号召力，到大学去宣讲，同时进行市场调研，并把调研的内容植入课堂中，效果斐然（见图13）。

图 13 "Just us" 的广告创意

所以，这案例的很多创意、款式、店面风格、销售思路甚至广告语，均来自听课同学的现场集思广益。这个案例，最终获得了"全国实战案例金奖"。这种观念，就是今天互联网说得神乎其神的"用户思维"，也就是雷军鼓吹的"参与感"。

一个真正的销售型企业家，一定是随时随地了解市场、了解对手，也防御对手的，自己的企业才会不断发展的同时，不成为炮灰。一定要培养时刻关注对手，分析他、研究他，才能够最终战胜他。

高管更是应该亲临市场一线，进行调研和敌情侦察。京东创始人刘强东，即使今天身价数十亿元,依然每年去做快递小哥。这种市场型的企业家，才能真正做到百战不殆，值得我们学习！

第四章

明确战略——
运筹帷幄，决胜千里

战略其实是军事用语，其特征就是打仗的谋略，在市场上就是企业发展、应对竞争的想法。在前面所说的确定、了解、分析了对手之后，最重要的就是制定策略。

《孙子兵法》说"谋定而后动"，而我们今天很多企业做了几十年，战略上从未有所思考，这也是企业一直徘徊、做不大的原因。

企业的营销战略必须考虑市场全局，所以企业的战略必须具有一定的长期性和持续性。制定战略，主要从以下两个方面着眼：选择战场和确定打法。战场选择，讲究在哪里打仗，市场中的战法选择，则讲究到哪里赚钱。

我们都熟悉一句话：选择大于努力。其实我们很多企业并不是输在员工不努力，也不是输在管理不明晰，很多企业把太多精力用到了内部，制

营销诡道
成长型企业市场销售谋略实录

定各种繁复的表格，确定各种规范流程，但是市场效果却并不见好。相反，我们看到很多公司，管理未必面面俱到，人员未必多优秀，却有很好的成绩，这就是在战场选择上已经分出了胜负。

举例子说，诺基亚的员工再努力，管理再规范，也不会比苹果的员工业绩好，这就是战场选择的关键性。俗话说，男怕入错行，企业管理也是如此。在企业战略的制定上，战场选择一错就百错了，甚至努力越大失败越大。

因此，在市调之后，选择战场就是首先要面临的问题。在敌情侦察中，值不值得做、能不能做，得出的结果就是战场的选择。也就是说，选择的战场必须是值得做的，而且知己知彼的情况下，是能够去做的。这样，战略就制定一半了，接下来的确定打法就是执行而已了。

我们服务的一家竹纤维企业"竹够好"，如果仅仅在竹纤维市场上制定战略，可以说是效果微乎其微，事实也是如此。但是，我们为其选择了一个新战场：进军洗碗纸这个蓝海市场（见图14）。其产品刚出来，在微信朋友圈稍作传播，一天时间就达到了98万元的销售业绩，势如破竹！可见，选择好了战场，威力有多大！

同样，西安一家做早教的客户企业，我们将其战场收缩到三岁以内的早教教育，取名叫作"三岁看大"（见图15）。虽然消费群收缩了，却无比精准，更有利于这家刚成立的企业立稳脚跟、逐渐壮大！

第四章

明确战略——运筹帷幄，决胜千里

图 14 "竹够好"进军洗碗纸蓝海

图 15 "三岁看大"立足三岁以内早教

制定战略的另一个关键是确定打法，其要点是根据竞争对手的情况改变自己。因此，明确战略的下一步，就是根据竞争对手的情况，看悬殊大小，来确定采用哪种具体的打法。

营销诡道
成长型企业市场销售谋略实录

一、瞄准行业第一

企业所处的位置不同，竞争对手也不同，所制定的战略必定不同，必须明确自己在一定区域内所处的行业位置。我们有理由相信，毛主席肯定想打正规战，但是当敌我力量悬殊的时候，他英明地选择了游击战。到了后来的解放战争，解放军的实力壮大了，因此仗仗都是正规战。其实，企业也一样，根据自己的实际情况选定不同的战略，才能生存发展下来，最终问鼎天下。具体来说，各种打法如下分述。

1．差距不大——进攻战

如果与行业第一名实力差距不大，我们认为可以打进攻战。打进攻战的企业，就需要一定的实力。

例如，农夫山泉叫板娃哈哈、乐百氏的时候，其广告投放量绝对惊人，它是有进攻战资本的。

三星在智能手机领域，对苹果发动了进攻战。以 N 系列和 G 系列，从苹果的核心产品 iPhone 系列中，分走了大量的白领和商务市场。三星采取的也是实力强劲基础上的进攻战，取得了辉煌的业绩！

当年，VCD 行业群雄逐鹿，步步高敢针对爱多请形象代言人成龙的进攻战，用李连杰做形象代言人，同样发动进攻。能够请得起李连杰做代言人，足以证明步步高的实力并不弱。

所以，行业中仅次于领导品牌的企业，才适合采用进攻战。

第四章
明确战略——运筹帷幄，决胜千里

2. 差距很大——游击战

如果和敌人的实力、名次悬殊较大，就打游击战，集中力量拿下一个细分区域或市场，建立牢固的根据地市场，避免在对手的核心市场、核心品牌和核心产品上进行对抗，突出明显的差异。强大的对手如果来进攻或反击，就会造成自身的品牌形象分裂，付出较大的利润代价和品牌损失。

华为、小米等国产智能手机，避开在高价位上与苹果、三星的产品对抗，以时尚、功能、价格的有效配比，切分了智能手机迅速普及所形成的市场蛋糕。

吉利、比亚迪等国产汽车品牌，首先在 A 级车市场发力，抓住中国进入汽车时代的机遇，抢占中低收入家庭的首辆汽车市场，获得了很大的市场销量。吉利通过收购沃尔沃，实现品牌升级。长城哈弗则在 SUV 市场发力，以较低的价格满足市场对运动型、越野型汽车的需要。

游击战的战术，具体分为消费者细分、产品集中、通路走旁门左道，后面我们会详细说到。

比如，上面说到的"三岁看大"，就是基于消费者细分进行的游击战。

我们在北京服务的一家华人物流公司，则锁定在医药冷链物流领域，也是游击战的经典思维模式（见图 16）。

图 16 锁定医药冷链的华人物流

045

3. 毫无可比性——侧翼战

如果产值过小，和竞争对手的体量毫无可比性，就放弃战争了？错，继续打，变成打侧翼战。

可以说，仗都可以打，大有大的打法，小有小的做法。如果实力实在悬殊太大，资源支撑不了持续进攻，也没有稳定可靠的游击战根据地，就打侧翼战。

侧翼战是在一条非常狭小的战线上突然发起进攻，甚至可以说偷袭，用最小的代价抢夺生存的条件和发展的空间，是所谓"我是流氓我怕谁"。以生存为核心，以发展为目标！

我有一位学生，原来是做世界名牌代加工的，加工费少得可怜，世界名牌只要一停工，企业就要倒闭。在这种情况下，做推广几乎不可能，到商场的进场费都付不起，甚至上我的课都只能先付一半的费用！他又能怎么办呢？

我给他支的招，就是先去卖A货，先通过做仿品壮大了，再励精图治。一年下来，企业有了很大的发展，现在已经创立了自己的品牌。这就是所有学校、书本不会教的方法，却是很多企业在实战中积累起来的宝贵经验！生存下去，比什么都重要！

战略的转变

兵法云，用兵如水，兵无常势，水无常形，进攻战、游击战和侧翼战三个战略是可以相互转换的，甚至可以同时运用。例如，在品类上选择游击战，但在推广上选择进攻战，或者在品牌上选择防御战，在促销上选择进攻战。这都需要根据企业实力，灵活变化，这也是战略家的高妙之处。

在第二次世界大战之后，日本汽车业重振旗鼓。在装备水平和技术与

第四章

明确战略——运筹帷幄，决胜千里

美国汽车企业都有一定差距的情况下，日本汽车行业突出总体造价控制和省油两个特点，与美国汽车形成了价格和油耗的区隔，迅速获得了生存空间。随着实力的增强及原油价格的上涨，日本企业形成了能与美国汽车企业抗衡的能力。

通用汽车的历程也一样，就是从游击战到侧翼战、再到进攻战的转换。作为全球第一的汽车巨头，今天的它需要打的是防御战，因为它已经成为标靶。

需要提醒的是，进攻战、游击战和侧翼战从广义上来讲，都是进攻战，区别仅在于根据当时的市场和企业相对于对手的实力，采用不同的侧重点而已。

云南白药之所以敢进入日化快消品领域，推出牙膏，与宝洁和联合利华抗衡，就是因为其总体实力并不弱，这是其打进攻战的表现。但是，我们却采取了保守的游击战，将产品的功能聚焦在防止牙龈出血上，在通路上则采取侧翼战，从药店开始铺货，有效地避开了佳洁士和高露洁两大统治品牌的美白、防蛀牙定位，迅速形成新品类，赢得了市场，现在已经成为不可撼动的牙膏巨头（见图17）。诸多模仿者开始游击、侧翼，相信它现在已经在请明星打防御战了。

图17 打游击战的云南白药牙膏

二、防御威胁品牌

任何在市场中的企业，都会遭到进攻，而面对进攻就要考虑防御。防御不到位，就连战略之父麦克·波特自己的战略公司，也一样会倒闭。

当然，我们认为，纯粹的"防御战略"是没有的。纵观人类战争史和竞争史，没有哪一个民族和企业依靠单纯的防御战略能立于不败之地。所有的防御其实是为了更好地反攻！甚至可以理解为进攻才是最好的"防御"。

防御战有两套思维模式：如果敌人是进攻战，就做积极防御；如果敌人用游击战、侧翼战对你进攻，就做消极防御。

对于发动进攻战的对手，由于力量差距不大，被进攻的点是核心产品和核心市场，事关企业兴衰存亡，一定要积极防御。

对于使用游击战和侧翼战的对手，一般采取消极防御，把影响控制在比较小的范围内。

消极防御因为进攻的随意性和游击性飘忽不定，所以应该全局考虑，做好产品线的拓展，不给敌人可乘之机。当年，美国汽车就是在低端市场放松了对日本汽车的防御，结果给日本汽车造成可乘之机，最后高端汽车市场也被日本抢夺。所以，我们今天看到的奔驰、宝马都有低端车推出，目的就是遏制对手低端车的发展，以保证其高端车的利润。

不论是采用积极防御还是消极防御，都要立足于敌人来制定和采用。

第四章

明确战略——运筹帷幄，决胜千里

对敌人侦查、了解失误，对众多的敌人分不清主次，轻则带来资源无谓的损耗和效率的降低，重则贻误战机，丧失主动权。

什么样的企业适合打防御战？我认为，相对成功的企业适合打防御战，一个小公司防御什么？赶快进攻，越小的公司应该下手越狠。举个例子，大人打架最要忌讳跟小孩子打，因为小孩子没章法，往往会下死手。

1. 敌人进攻——积极防御

面对敌人进攻，积极防御的方法就是制定标准。什么叫作标准？能区别好坏的根据就叫标准。当然，标准不一定是正确的，但它一定是消费者认可的。比如一首流行歌曲，谁第一个唱谁就成为这首歌的最佳标准，后面只有谁模仿得越像，谁才能胜出。

标准怎么定？有条件的企业可以申请行业认证。例如，装饰协会颁发给一家企业A级标准，消费者评定某企业是最受欢迎的某企业，这就是行业认证。

行业标准可以自己积极争取。例如，我们服务的华人物流，就是积极参与了国家冷链物流的标准制定和编撰，成了这个行业的标准制定者。很多企业就是看中了这一点，首选它们作为合作伙伴！

我们面对的大多数企业，没有这些认证怎么办？在营销学里，自己认为也可以作为标准。其实，很多标准都是在企业自己的实践中慢慢被国家、行业认可了，才成为标准的。所以，行业没有认证就自己认证。

例如，乐百氏纯净水的广告语——"27层净化"，让人感觉是纯净水最高的标准，使之成为消费者认可的领先品牌！其实我们后来了解到，纯净水基本都是27层净化，那是一个基本标准。

又例如一家儿童保健食品企业，打出了"蓝瓶的就是好喝的"推广语，但是"蓝瓶"与"好喝"有什么关系呢？但是，消费者就是一张白纸，往往最早灌输给他们某种说法的，就成了这方面专家。

2. 敌人游击战、侧翼战——消极防御

积极防御是主动定标准、贩卖标准。杂乱又渺小的敌人用游击战、侧翼战攻击你的时候，就要学会用消极防御，这种防御战略只有大公司才能干，因为解决的方法是全线布防，就是企业高中低端全产业链布防，大小通吃，不给对手可乘之机。这自然不是一般小公司可以做到的。

我们常看到电影里面守城的有7万人，攻城的只有2万人，理论上来讲，肯定守城的人打胜仗，但为什么攻城的人可以取得胜利？这是因为守城的7万人围城绕了一圈，发现某个防守的地方都只有一两千人。攻城的人用诈术，拿5 000兵力先佯攻别处，剩下15 000兵力猛击这薄弱的2 000人，直接就杀了进去。所以，守城比攻城更难。

例如，卖粽子，仅仅在端午节卖的话，绝对不会成为一个产业，因此必须大小通吃，天天端午节，时间线上全线布防，才能成功。国内有一家五芳斋，就是这么做到的（见图18）。

防御同时也是进攻，有些大型企业，对于我们眼中弱小的竞争对手，痛打起来一样不手软。

就像可口可乐公司来中国的时候，专门针对在胡同口卖大碗茶的老太太进行全线布防。它们针对大碗茶五毛钱一碗的防御策略，在卖大碗茶的老太太身边，同时推出五毛钱一杯的可乐。通过时尚和价廉，几乎将卖大碗茶的老太太扫荡干净！这也是针对弱小对手的一次产品线延伸防御战！

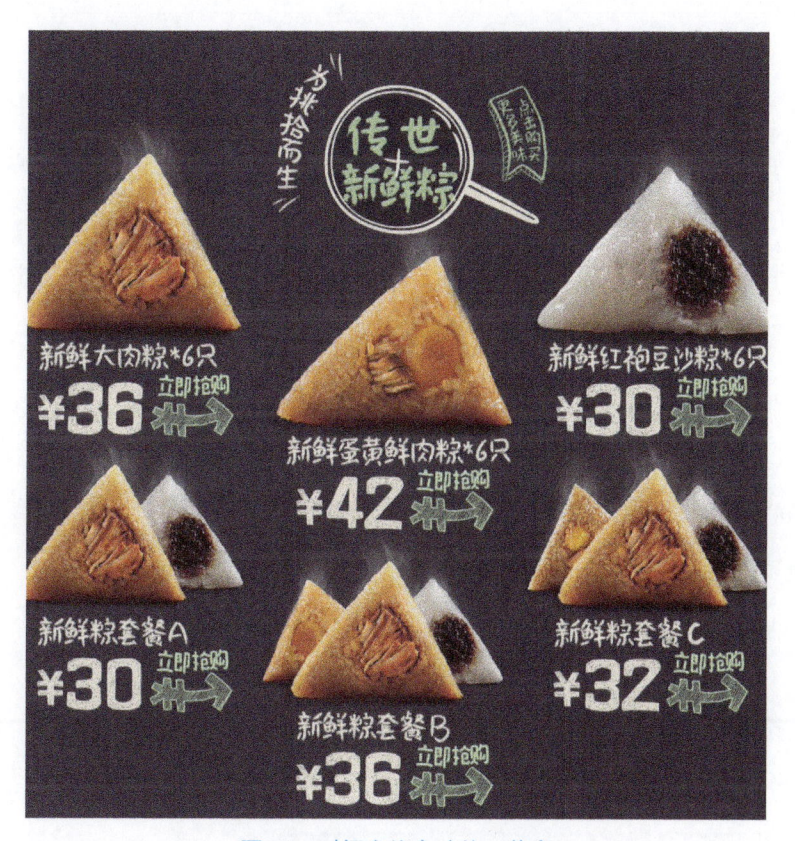

第四章
明确战略——运筹帷幄，决胜千里

图18 时间全线布防的五芳斋

产品线的全线布防，绝不仅仅指新产品开发。例如，我们所了解的JEEP，绝对不限于吉普车，其实吉普的服装、帽子应有尽有。

同时，全线布防还要考虑消费群的增加。

例如，我有一位在区域市场做培训的朋友，曾经一度业绩下滑，十分焦虑。这几天，我看到他又红光满面了。原来，他将以前在自己这里接受过培训的企业家的孩子们组织起来，开办了少儿总裁班，将以前的授课内容稍作改变，重新让市场红火了起来。

其实，包括排毒养颜胶囊让男人也排毒，吉普推出女性套装，都是增加消费群的思维方式。

3. 进攻，最好的防御

拿破仑说，进攻就是最好的防御。我个人也是这么认为的，营销只有进攻战。之所以要提到防御、游击和侧翼，只是为了针对企业不同时期的思维侧重点考虑而已，骨子里全是为了进攻。

同时，进攻战也是可以内向的，很多营销理论都在讲成长期、成熟期、衰退期，但是宝洁公司的产品从来不这样认为，因为它们都会推出新的创意产品，它们的产品永远都是新的。

但是，我提议在这个问题上，各位朋友不要钻牛角尖，非得去研发新产品。其实，完全可以在旧产品上，加上一个"新"字就行了。多说新配方、新包装，这些都可以取得事半功倍的效果！

第五章

配置战术——
智者不惑，攻防有度

  毛主席说，"战略上藐视敌人，战术上重视敌人"。这说明，战术相对于战略，更需要细致、更接地气。如果认为战略只是一种想法、方向的话，那么战术的关键就是如何让战略得以实现。因此，配置战术就是制定战略之后的关键步骤。

  现在很多人盲目地追求道，却忽视术。我认为，道、术本来就是一回事，术练到极致就是道。所以，战术就是企业生存之道执行层面上的落地办法。战略一旦脱离战术执行的保证，就是纸上谈兵、空中楼阁。下面我们将根据四大战略，来配置相应的执行战术。

营销诡道
成长型企业市场销售谋略实录

一、防御战两大战术

只有相对成功的品牌才考虑防御战，不成功的品牌只管进攻就对了。防御战具体应该如何配置战术？主要有两大战术供参考。

1. 积极防御术

（1）全线布防——不留可乘之机

全线布防不是让所有的产品都赚钱，而是让能赚钱的产品保证赚到钱。

曾经有学员请我吃饭，我就问："这里订出去最多的菜是什么菜？"得到的回答是"最贵的菜"。我接着问："你们知道让最贵的菜卖得好的办法是什么吗？"得到的回答是："老师，根据你的课堂理论，应该再定一个更贵的菜！"

实际上，这个更贵的菜并不是为了卖，而是为了让第二贵的菜卖得更好。因为消费者都不会求满，最安全的选择就是比最高低那么一点。这恰恰就是全线布防的意义所在。

全线布防的积极防御术可以分为以下几点。

产品全线布防

受传统思维影响，会无法想通一件事情：肯德基居然卖油条，麦当劳也会卖粥！但是，如果从产品线全线布防的角度考虑，就再自然不过了。一方面，可以扼制中国市场快餐竞争对手的发展；另一方面，也会有所创收。在如此观念的指导下，我们也有一个很有意思的发现，星巴克在端午节也

第五章
配置战术——智者不惑，攻防有度

卖粽子。

同样，产品线全线布防运用得当，也会相互促进，更加会让消费者觉得品牌的强大。比如，苹果从电脑增加到手机，听说现在又在造汽车。又比如，巴黎欧莱雅，从高到低都有自己的产品。迪士尼运用的也是产品全线布防战术。

做到极致的，我们自然会认为是宝洁，它可谓此类战术运用的佼佼者（见图19）！用它自己的话来说，与其与别人竞争，还不如与自己竞争更可控。

图19 产品全线布防的宝洁

时间全线布防

时间全线布防，除了上面提到的五芳斋之外，我们现在常见的24小时营业的药店、书店、餐饮店，就是典型代表。

最近，物流行业的一匹黑马——京东高调进入物流业，其中的重要口号就是"24小时随叫随到"，看来物流行业的竞争将会随着时间线全线布防而愈演愈烈！

客户全线布防

客户的全面布防，我觉得也是对定位理论的一次颠覆。为什么这么讲？

比如可口可乐，大家认为其定位到底是高端还是低端？实际上，是老少咸宜、无分贵贱，都在消费：在五星级酒店，可以看到可口可乐；在农村的小店，也可以买到可口可乐；巴菲特也在喝可口可乐；汶川大地震中，那个刚被救上来的小男孩，回过神来第一时间想喝的也是可口可乐！

其实这三种战术，并不是完全区隔开来的，而是可以打包使用、灵活运用的！甚至，这三种战术，还可以和积极防御一起使用。

（2）舍车保帅——御敌于国门之外

舍车保帅的出发点是以小制大、以局部牺牲获取整体胜利，把企业的形象和核心利润源维护住，同时以局部牺牲让对手难以占据稳定的根据地市场、稳定的利润来源，使对手难以完成持续有效的积累、发起持续有效的进攻。

像五粮液这样的大企业，也会推出非常低端的产品，发展出了火爆等系列外围白酒产品，究其原因，肯定也是为了防止其他竞争对手在低端做大，并扰乱对手的市场。

当年，有家著名的装饰公司，在当地已经做到了第一，其高管却自立门户，成了竞争对手，甚至把广告打到了母公司的大门口。很显然，这家母公司此时不能去正面应对，因为大品牌跟小品牌打，永远在帮小品牌。

因此，我们采取的办法，是在竞争对手的隔壁，再去开一家更小的公司，用这个小公司去拖住它、咬住它、进攻它，从而保住了母公司的"江湖"地位！

（3）"布防"须慎重

我们依然要强调，打防御战，尤其是全线布防，还是大公司或者在行业内相当成功的企业才能干的。对于成长型企业，这是一个险招！因此，全线布防必须要慎重，一定要满足3个必要条件，采取1个简单方法，切记！切记！

3个必要条件指的是：

第五章
配置战术——智者不惑，攻防有度

第一，母品牌必须发育成熟。

意思是主营业务一定要做好，做大做强，站稳脚跟，才能考虑全线布防。

第二，众品牌要有血缘关系。

在这一点上栽跟头的中国企业其实最多。什么叫有血缘关系？举个例子，海尔做冰箱成功，海尔做洗衣机会不会成功？冰箱和洗衣机有没有血缘关系？有，是什么血缘？家电。所以海尔做洗衣机一定成功，做空调也一定成功。

但是，海尔做电脑产品呢？不一定成功！为什么？因为电脑是办公用品，它跟家电有区别。而海尔做感冒药呢？血缘关系就完全不沾边了。

同样，茅台酒厂做啤酒会不会成功？我认为不会，因为乍一看白酒和啤酒两种都是酒，但是消费群体却截然不同。喝白酒的一般是哪些人？中年以上。啤酒则属于青少年年轻一代，这就叫作没有血缘关系。

霸王洗发水营销很成功，但是忍不住寂寞，做了一个霸王凉茶。我还到它的企业去讲课，我说跨界做凉茶，肯定不行。对方没有引起足够的重视，因为它觉得自己已经摸索出一套找明星轰广告抢市场的策略，并屡试不爽。霸王洗发水找成龙代言，这次找甄子丹代言霸王凉茶。市场一推出，我在网络上看了消费者评论，并互相调侃，喝霸王凉茶会不会喝得浑身长毛？这样的凉茶谁都不敢喝。这就叫作毫无血缘关系。事实证明，它现在基本已经退出市场了！

第三，全线布防不要分等级。

全线布防，品牌延伸，千万不要分等级，如果非要分等级怎么办？重新做出一个品牌！

中国的红塔集团，是烟草行业的佼佼者了，但是我认为它的成功得益于很多计划经济的影响。但是，从褚时健退出之后，我个人认为其营销思

营销诡道
成长型企业市场销售谋略实录

路上瑕疵很多，尤其在品牌规划上缺点百出：推出高端红塔山是对的，但是由于担心会失去低端消费者，就紧跟着推出低端红塔山。然而，在发现低端红塔山销量下滑后，又推出高端红塔山。这就如同猴子掰玉米，掰一根丢一根，顾此失彼。所以，全线布防，品牌延伸，一定不能分等级。

那么，有朋友可能会问，上文所说的高中低端全线布防又如何解释呢？这就要采用一个简单办法：区隔化管理。

例如，丰田汽车推出高端的产品，一定不会再叫丰田，我们在市场上见到的是雷克萨斯。同样，假如海飞丝、护舒宝做饼干的话，肯定不会再叫海飞丝饼干、护舒宝饼干，因为那样绝对不会有人购买的。

实际上，欧洲国家的很多产品，几乎都来自以下10家公司：可口可乐、百事可乐、通用磨坊、家乐氏、玛氏、联合利华、强生、宝洁、雀巢、卡夫。真正庞大的商业帝国，让人望而生畏（见图20）。究其营销实质，就是在品牌管理上实行了区隔化。

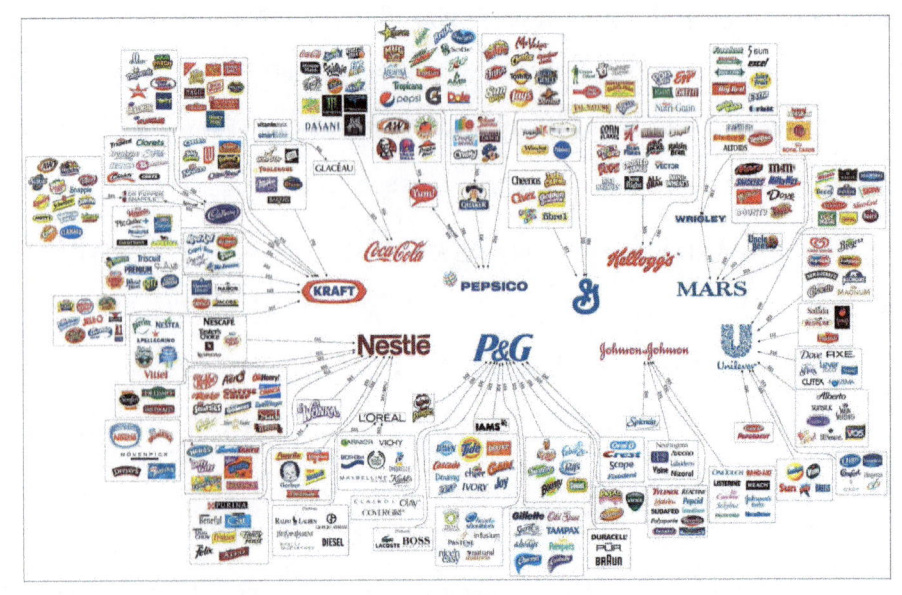

图20　称霸欧洲商业的十大公司

第五章
配置战术——智者不惑，攻防有度

2. 消极防御术

有些时候，向公司进攻的对手太多，或者对方以游击战、侧翼战发起进攻，公司没有足够的资源来防御和反击各种进攻，就不得不在某些领域、某些时段采取消极防御。消极防御主要有两招——定标准和筑壁垒。

网红里面的专业网红大IP，就是一个很好的防火墙。目前，在网络直播平台有一位展示自己厨艺的网红，随着她的走红，她无意中竟然成了厨具专家。据说，她现在一期节目下来，经她推销的厨具，可以卖到上万件，展现了强大的营销力！

企业要么就像这些专业网红一样，成为行业专家，成为行业标准的制定者，从而积极主动地防御敌人。

就像我们服务过的一家名叫佳园的装饰公司，就曾参与过云南省家装服务行业标准的制定。虽然消费者不一定真的懂这些标准，但是面对专业，所有人都会妥协，所有来自外部的竞争都会苍白无力，价格之门也会大大宽松。

当其打出这个行业标准制定者的旗号之后，就为其成为云南省家装行业龙头打下了坚实的基础。这就如同我们之前提到的华人冷链物流一样，用标准做防火墙，取得了骄人的成绩。

此外，我们还是要提醒大家，标准千万不要没有危机意识，这就需要我们的标准不断升级，让竞争对手一直在模仿，永远难超越！

例如，可口可乐的配方可以不换，但是其包装几乎每年都在创新。手机领域更是如此，iPhone目前已经出到了第七代。这都是通过推陈出新进行积极防御的典型。

二、进攻战三大要点

进攻战是第二种战术，主要适用于本方实力与对手差距不大、本方持续进攻的局部有明显优势的情况。

实力是进攻战的重要条件之一，由于有效的进攻战往往造成对手核心业务体系的动摇，对手发动反击、调动各种资源投入战斗是必然反应（如果对手反应很小，要么是进攻无效，要么是天上掉馅饼了）。进攻方在实力上差距过大，没有持续投入能力，即使战术正确，也会被对手拖垮，或者被实力更强的新进入者坐收渔利。

进攻战有三大要点——找缺点、改规则、住对门。从理论上说，任何对手都一定有缺点，没有缺点是不可能的。如果对手的缺点不明显、不好找，或者能很快弥补，就改规则。还有就是与对手同台亮相、针锋相对，借势而为。

1. 找缺点——打蛇，要打七寸

进攻战最理想的状况，就是找到对手的重大缺点，集中所能调动的资源进行突破攻击。即使对手的实力比进攻者强大，但在关键部位缺点一旦被突破，就会成为致命的突破点。记住，要在对手的关键部位突破，如果在次要地带或者无关紧要的地带，突破没有太大的价值。

但一般而言，凡是优秀的企业，在关键部位一定是高度重视、层层保障的，明显的错误和缺点只能是可遇而不可求的。作为行业的领军者，更

第五章
配置战术——智者不惑，攻防有度

可能犯的是战略失当、机构臃肿、决策缓慢、思想僵化、故步自封、各自为政等不直接表现为产品品质的错误。

不过，即使对手没有明显的缺点，在内部活力上也没有太大的问题，还有两种找缺点的方法：反向对立，定义对手；正向补缺，超越对手。

（1）反向对立，定义对手

定义对手就是根据对手在公众或客户心智中的印象，将其固定化、类型化，将对手限制在人们心智中的某个角落，给自己留出大片心智空间。

日本的富士胶卷开始推广国际市场的时候，柯达胶卷已经是全球胶卷行业的领先者，并没有明显的缺点。于是，富士胶卷开始定义敌人，认为柯达照人像好，而我们富士则是照风景好。相对于人像来讲，普通大众出门旅游在风景区拍照的机会更多。就这样，富士胶卷一跃成为仅次于柯达的第二品牌。而柯达为了扭转消费者的这个偏见，花费了巨额广告费，才有所改善！

农夫山泉起步的时候，也是高举绝不生产纯净水的口号，让大家开始对纯净水质疑，转而信赖对身体有营养价值的山泉水（见图21）。其实，这个概念是荒谬的。某大学的营养学教授认为，用山泉水补充营养可谓无稽之谈！要补钙，与其去喝山泉水，还不如晒晒太阳效果更好。而喝上百桶山泉水所补充的钙，还不如喝一碗骨头汤效果明显。

但是，无论如何，消费者信了，这就是市场。消费者的信赖，成为最终胜负的裁判！

营销诡道
成长型企业市场销售谋略实录

图21 反向定义敌人的农夫山泉

（2）正向补缺，超越对手

反向对立，定义对手，是说我和对手的区别。而正向补缺，超越对手，则是说我和对手是一路的，只是我在某些地方比他好。

当年，排毒养颜胶囊红极一时时，就有一家企业跳出来正向赶超，它的名字上就把战略意图彰显无遗，叫作芦荟排毒养颜胶囊，广告语也直刺我们的软肋："排毒不拉肚！"就这一招，给排毒养颜胶囊造成了很大的麻烦！

我有一家做晾衣杆的学员企业"赛德勒"，它最大的对手叫"好太太"，在课堂上我给它写的广告语，使用的理论就是正向赶超。这句广告语就是"好太太都爱赛德勒"，不知道它敢不敢用？

2. 改规则——敌无我有，敌有我精

我们都听过一个寓言故事，叫作《龟兔赛跑》。兔子因为贪图睡觉，

第五章
配置战术——智者不惑，攻防有度

结果被乌龟抢了先！其实，就算兔子不睡觉，同样跑不赢乌龟！办法很简单：在跑道上设置一条河！

所以企业在一条道路上不能完全超越对手时，其实完全可以选择另一条道路。就像"极草"这个品牌一样，直接在广告上宣传其改变了1 300年来冬虫夏草的食用习惯，提出了"含着吃"的理念，成为该领域的第一品牌（见图22）！

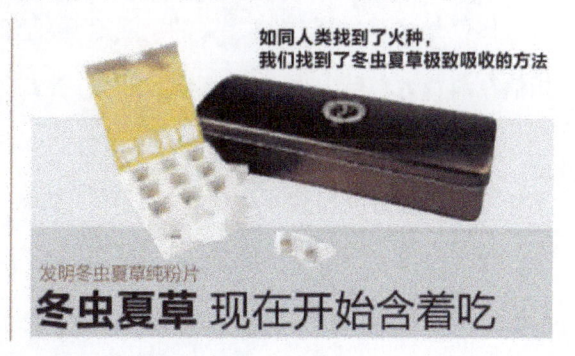

图22 改变食用规则的极草

改规则的案例随处可见，云南的丽江并没有跟风宣传其民族性和自然景观，而是推出了艳遇这个无人提及的理念，成为旅游胜地。

普洱茶也是这样,在大家都在强调口感、养身的时候,普洱茶却改变规则,推出了收藏的理念,一句话"存钱不如存普洱"。所以,改变规则是一个独门利器,值得大家深刻研究、仔细玩味!

3. 住对门——狭路相逢,勇者胜

把店开到对手的边上,或者开到它的旁边,这是打进攻战。永和豆浆的选址就是肯德基、麦当劳在哪,我的店就开在哪。正所谓"狭路相逢,勇者胜"。

这样的案例相当多:

曾有某个奢侈品品牌的企业家问我,能不能让它们的产品一出来就像世界名牌一样。我笑答"完全可以"。

我在课堂上多次调研发现,几乎没有任何一个人能够一口气说出10个以上的奢侈品品牌的手袋。但是,我们想到香港时代广场上的那些包的品牌成千上万个,谁又能说得清呢?我们甚至可以相信,这些品牌都还活得不错,不然也不会活在海港城!其实,你只要敢开在这些知名品牌的门口,你就是名牌!进攻战,要的就是有勇气和实力,完全国际化的包装,相信在消费者心目中也会成为国际名牌。

我们看到,中国的很多快餐店如真功夫,敢于开到麦当劳、肯德基旁边,一样生存得很好,经营毫不逊色,运用的就是"住对门"的战术!

第五章
配置战术——智者不惑，攻防有度

三、游击战三大原则

游击战在本质上是另一种形态的进攻战，两者原则相通，但战斗双方的总体实力悬殊，战斗规模小于进攻战，攻击点不一定选择对手的核心要害部位，但对于本方而言具有重大的战略价值，一旦战胜就可以获得可靠的根据地市场。条件成熟还能形成燎原之势！

游击战的思路是，与其死磕硬碰，不如另辟蹊径。游击战有三大原则：第一，消费者细分；第二，产品集中；第三，通路旁门左道。

1. 消费者细分——星星之火，可以燎原

在谈消费者细分之前，我们先来谈谈什么是市场和商品。过去的市场，都是找一个特定的地点，作为商品交换的场所。但是今天，尤其是互联网时代之后，随着物流、外卖的新形态产生，消费的区域已经彻底分化，已经随时随地。因此，今天理解的市场，就是会购买你的产品人数的总和。市场有多大，要看有多少人来买你的产品。同样，商品也不再仅仅是一个产品，包括很多超过产品本身的情感在内。因此，人们需要的一切物品都是商品，是有形和无形的总和，甚至有些是彻底无形的。

从这个角度讲，这里讲的消费者细分和市场细分，其实是一个道理。我们认为，消费者细分原则，指的就是找到一群你容易争取的消费群，而对手却找不到，容易忽略或者不愿意为其量身打造的人群，作为你的争取对象。这个战场在竞争对手认为不值得做的时候，对于你来讲却是个机会，

值得做，而且按照你目前的实力你也能够做。

我们谈到过的 JUST US 就是这样的一个经典案例。如果说到做饰品，那么市场上的竞争对手实在太多。于是，我们让其做消费者细分，细分到青年人谈恋爱。但即便如此，也有很多实力强劲的竞争对手，比如 IDO。所以，我们再次细分，细分到大学生、高三学生。

于是，我们就赞助全国大学生广告创意赛。后来，在中国台湾的金犊奖上，JUST US 获奖最多。包括后来我们推出的接吻大赛，也因为针对明确的细分人群，而大获全胜。采用这个原则，JUST US 在这个细分领域做得游刃有余，产品迭出。比如，我们设计了男生用的火柴饰品，女生则用的是干柴饰品，取义为"干柴烈火"；买饰品，送男同学一本《泡妞秘籍》，送女生一本《爱情三十六计》，内容容易获取，而且人见人爱，充分体现了细分就是定制，细分就是个性的产品规律。

还有红塔集团的"玉人"卷烟也是如此。1999 年，红塔集团推出了一款名为"玉人"的卷烟。产品准备推出时，我十分称道，因为它们将其定义为女人抽的烟，这是营销思维上路的表现，我们也将其作为重点服务的客户。

但是，临到推出前，领导们犹豫了，觉得舍不得男人这个大的消费群。因此，最后的广告变成了今天看来的一句笑话："风流倜傥，亭亭玉立。"其用意很简单，就是用头一句话抓住男人市场，用后一句话抓住女人市场。可是，他们没想到这样一种情况：男人是绝对不愿意亭亭玉立的，而女人也是绝对不想风流倜傥的。所以，这个广告虽然投入巨大，但是几个月后，该款产品依然停产了。

由此也可见，消费者的细分，也是需要有一种舍得精神的。这里也是与前面讲到的全线布防不一样的地方：全线布防需要很强的实力，同时也

第五章
配置战术——智者不惑，攻防有度

是分门别类的。也就是说，全线布防也是要做消费者细分的，只有面面俱到了（这自然需要强劲的实力），才能细分服务很多领域的消费者。

我们在策划"生命一号"时也运用了这个原则（见图23）。在礼品市场，几乎所有商家都眼红脑白金，但是却无法抢得过它。因此我们只能做消费者细分，而且不仅细分到学生，因为还不够尖锐，我们直接细分到了考试的学生。细分到这个地步，很多相应的推广策略也就出来了。我们当时策划的广告语，就是"考学就送生命一号，老师同学都知道"。这样，我们就从礼品市场中，切分出来了一块属于我们的天地。

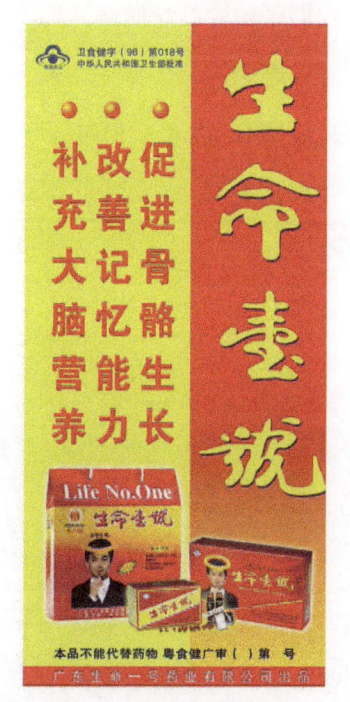

图23 "生命一号"的消费者细分

2. 产品集中——优势兵力，火线攻击

产品集中，就相当于"优生优育"。说起这句话，我是在红河卷烟厂

营销诡道
成长型企业市场销售谋略实录

第一次听到。当时,我在红河的厂史上看到,它们原来有六七个产品。铁马、凯旋、秋歌、红河都是其中之一。邱建康厂长上任之后,除红河以外,其他品牌全部砍掉,大获成功。

无独有偶,我在四川长虹电器做中秋节促销时,看到了一句话——"儿多母苦,优生优育",讲的也是产品集中的原则。其实,当年长虹也有很多的产品,但是后来只保留了长虹,而且集中在电视机上,一度成为中国电视机市场的龙头。

我们在服务一家整形医院时发现,所有接受整形服务的女性,几乎都是从五官做起。所以,我们干脆建议它们产品集中,至少在宣传上聚焦在五官整形,甚至就只从五官之中的一个器官突破。因为作为后来者,如果全面宣传丰胸、抽脂等,是打不过那些站稳市场脚跟的竞争对手的。

一直以来,我有一个理论,就是所有歌星都是从一首歌成名的,甚至不少歌星一辈子就唱一首就够了,唱《我的中国心》的张明敏就是如此。背后的原理,便是产品集中。

3. 通路旁门左道——开辟新根据地

打进攻战,我们讲究的是针锋相对,住对门。但是,打游击战,则要有创意,不按常规渠道,在通路上"旁门左道"。打游击战,必须清楚地认识到自己的力量不够强大,更要去花费脑筋,开辟新的渠道和卖场。

这些新的渠道,要么是敌人不愿去的地方,要么是敌人不能去的地方,还有很多是敌人没想到的地方,更多的是后者。

很早以前,我们在高铁上看到西藏冰川矿泉水"5100",当时它们营销渠道的选择很正确,以送的方式给消费者,不在传统零售渠道卖。

同样,王老吉当初的崛起,就是选择在了火锅店。这种渠道的选择是

第五章
配置战术——智者不惑，攻防有度

极为精准的，也正是由于选取了这种渠道，它那句"怕上火，就喝王老吉"的广告语才更加家喻户晓！

还有大家熟悉的五芳斋，最开始的时候，将其营销渠道选择在了高速公路的收费站，巧妙地避开了竞争对手的围追堵截。

四川的眼贴膜品牌可采，还有云南白药牙膏，一开始均选择在药店作为营销渠道，都是在通路上动了脑筋。包括我现在和同学一起开的"花吃菌煮"特色火锅店，如果在云南，不算什么，这种店多了去了，但在上海就是稀奇的景观，具有极为吸引人的民族性，它的很多客户来自国外，就是这个道理。

营销中确实有很多无奈，在实力弱的时候，针锋相对只会消耗自己的实力，最好的选择就是避其锋芒，走一些对手不走的道路，才能取得成功！

四、侧翼战两大招术

1. 模仿对手——在模仿中超越

我经常对我的学生讲，人类历史的发展，总是弱者战胜强者，而不是强者战胜弱者。无论是真实的战争，还是营销的战争，都是一样的：没有任何一个企业，可以弱小到不能去竞争；也没有任何一个对手，可以强大到不能被战胜！世界总是如此充满乐趣和生机，不然这个世界就太无趣了，因为再怎么努力结果都一样。

侧翼战就是如此。一些很小的企业无法去竞争，甚至无法与竞争对手相搏。但是，通过侧翼战一样可以在属于自己的战场上取得成功，而且逐步由弱小变得壮大起来。

所以，侧翼战的两大战术，无论是模仿还是寄生，可能是一种偷袭乃至赖皮，但是却可能是一个弱小的企业走向汪洋大海的第一步。甚至很多大企业，至今依然保持着企业草创之初的侧翼战风格，在自己的领域做成了庞然大物。最好的例子就是腾讯，不停地在市场上寻找值得自己模仿的对手，进行超越和歼灭。凡是被它模仿的对手，无不土崩瓦解，悲催地退出市场。

一讲到模仿，很多企业都觉得不耻。但是，我却觉得营销是战争，那么模仿根本没有什么不好的地方。过去，我是很多广告赛事的评委，但是我逐渐退出了。背后的原因，并不在于我的清高，也不是不想与这些赛事

第五章
配置战术——智者不惑，攻防有度

"同流合污"。只是因为随着我对营销研究的加深，我的一些观点发生了深刻改变：这些广告赛事的最重要考评指标，就是原创。没有原创，参赛资格都没有，更别提获奖。但是我认为，在营销战争中，原创与否并不重要，甚至不值得讨论，关键是看是否有效。

这就如同，敌人在使用枪炮进攻，你却非要去原创什么"百步穿杨"的飞刀绝技，是没有用处的。最有效的办法，就是迅速地使用跟敌人一样的枪炮去抗衡。

而且说到模仿，大家可以看到，就连毛主席的一些经典名言，都来自模仿。"深挖洞，广积粮，不称霸"，很难说不是在模仿朱元璋时代的"高筑墙，广积粮，缓称王"。

同样，琼瑶阿姨那些赚足眼泪的爱情诗句，大都是从诗经、唐诗宋词模仿而来的。

既然如此，我们作为成长型企业，能够去模仿一些大型企业，帮助企业发展，又何乐而不为呢？所以，模仿是侧翼战必须要掌握的战术！

但是，模仿的关键是：单纯的模仿是不会成功的，因为模仿者一定不会超过领导者。正如齐白石所说"似我者死"。因此，模仿有一个技巧，就是必须与被模仿者不同，必须在模仿中有所超越。单纯的模仿是一种被动，积极的模仿依然是一种进攻战的思维模式。

这就像当年的"步步高"一样，就是在模仿竞争对手"爱多"中超越的。爱多请成龙做形象代言人，步步高想都没想就请了李连杰。如何超越呢？请大家注意细节：成龙出来是打拳，李连杰出来就舞刀。这很容易让人想到：武功再高也怕菜刀，更何况是李连杰舞的刀。同样，成龙打完拳之后，说了一句"好功夫"；李连杰舞完刀之后，则说的是"真功夫"！"真"肯定是比"好"更实效的东西！这就是在模仿中超越！

营销诡道
成长型企业市场销售谋略实录

我在天津讲课的时候，经常夸天津人天生懂营销。大家都知道"狗不理"，但是有个聪明的天津人就出来做了"猫不闻"。在哪里超越的呢？狗不理做的是包子，猫不闻做的却是饺子，果然获得了成功。后面的那些"鸭不睬"、"猴不吃"，用的均是这个原理。

广州有个辣椒酱也做得挺成功的"茂德公"。针对"老干妈"，它在模仿中超越，口号就是"辣酱还是公的香"。

我们当年策划了一款解酒药，规模很小，很难跟竞争对手去抗衡。于是，我们采取了模仿的侧翼战术。首先我们确定的对手就是海王。怎么在模仿中超越呢？对手叫海王，我们就叫海量；对手的广告语是叶茂中先生想的一句很有杀伤力的话——"第二天舒服一点"，我们的广告语则是"第二天舒服多了"（见图24）。这样做的效果，结果可想而知是成功的。

图24 在模仿中超越的"海量"

第五章
配置战术——智者不惑，攻防有度

类似的在模仿中超越的案例很多，比如乐虎饮料，肯定是想模仿并超越红牛的，因为虎吃牛；今麦郎方便面推出"一桶半"，肯定是想模仿并超越统一的"来一桶"。其中的核心，就是在模仿中超越！

2. 寄生战术——找靠山，傍大款

很多产品做不过对手，怎么办？就寄生在别的企业上，跟随别的企业，找靠山，傍大款。比如，乐视盒子想抢占高端智能机顶盒市场，小米同时也在和它抢，乐视的胜算大不大？不大。乐视干脆不抢了，跟你融合，你做电视机，我再次改变电视，令你的电视机加个乐视小米盒子，变成数码智能电视。这就是寄生战术。

寄生往往比模仿还要弱，但是寄生做得好，也是能出小力办大事的。比如，在手机领域，很少有能与iPhone抗衡的，但是却无法阻止中国的不少企业去做iPhone手机的手机膜、手机套。美国人从没想到要去做什么手机膜、手机套，但是中国企业却做出了五花八门、穿金戴银的产品，也是一个不容小觑的市场。

我们有个学员，在丽江做青刺果。这个产品虽然实际功效很好，但是想要做出名堂来却很难，而且要花费巨额广告费。于是，我们就想到了使用寄生战术：青刺果可能没什么人知道，但是玛卡和螺旋藻想必所有人都知道。我们据此策划了一句广告语："丽江有三宝——青刺、玛卡、螺旋藻。"大大加深了人们的印象。

但是，人算不如天算，玛卡消费已经衰落了。看来，又到给这家企业找新的寄生战术之时了！

跟随是一种应变能力

寄生，其实就是一种跟随。跟随是一种应变能力，而不是懦夫哲学。

营销诡道
成长型企业市场销售谋略实录

有家企业请我去入企培训，它们是做旅游景点的，在安徽的马仁山。

很显然，在安徽的旅游市场，马仁山肯定不能和黄山、九华山叫板，不是一个级别，也无法打败它们，不可能采取其他战术，我们只能跟随与寄生。

我们看到万千前往黄山、九华山的游客，十分眼红，最终我们想到了一个办法：消费者要的不是便宜，而是占便宜，于是就在路过马仁山，通往黄山、九华山的路上发传单，跟消费者讲，你们到黄山、九华山去旅游，门票千万不要丢，为什么不要丢啊？凭华山、九华山的门票，回来的路上到马仁山享受7.8折的优惠。就这一招，为我们带来了很好的市场！

在讲完几大战术之后，我依然要提醒所有的朋友，在运用这些战术的时候，一定要懂得分时分段，交叉灵活地使用。再大的企业，也可以在局部地方进行侧翼战和游击战；再小的企业，也可以在局部进行进攻战。因此，学习营销，千万不能死读书。

当然，战略和战术都是运筹帷幄之中，真正决胜千里之外的，则是我们接下来要谈到的七大武器。正是依靠这些武器，我们的营销战争才能攻无不克、战无不胜！

第六章

全副武装——
七大武器，决胜战场

一、五独俱全：武器的精良标准

　　战略、战术确定后，要装备营销战的精良武器，才能决胜战场。

　　西方最伟大的军事理论家克劳塞维茨认为：一支军队的战斗力是两个不可分割的要素的乘积，这两个要素是，现有手段（武器装备等物质力量）的多少和意志力的强弱。

　　很多企业认为"手段"就是经费投入，雇用专业的机构或人员，使用强大的渠道，在央视黄金时段投广告，请明星代言……这些确实是手段，但不是企业原生的手段，而是靠花钱和雇佣关系获得的手段。

　　没有钱，或者钱很少，企业照样要营销，而且要很好地营销。

营销诡道
成长型企业市场销售谋略实录

奇胜营销给企业开发装备的武器，是在企业机体和企业家精神中原生的武器。因为原生于企业，在经费上低成本；因为是企业家和企业自身的战斗力，它贯穿营销战斗的全过程，操控使用随心而为，心之所至就是力之所至，即使力道稍小也可功效卓著。

企业所有的细节，都能锻造成进攻敌人、战胜对手的利器，在所有的接触点上都和敌人短兵相接。在与敌人争夺客户心智的过程中，企业每个与社会的对接点，都是开展营销的战场。这就是全过程营销。

全过程营销如同全民皆兵，老人、小孩、男的、女的都能战斗，房屋、树木、石块和坦克、大炮、炸弹一样都是武器。对于企业而言，名片是武器，广告是武器，包装是武器，Logo是武器，产品是武器，所有外在都是武器，来实现战略和目的，这就是全副武装。要通过全副武装，在听觉上、视觉上、感觉上、心智上全面打击、超越对手。

全副武装是奇胜营销最具战斗力的手段，使正确的战略如虎添翼。战略的缺陷，也能够因为武器的精良而能够得到较好的弥补。

五独俱全

在营销战争中，几乎一切可以利用的资源都是武器，企业需要学会全副武装。但是，在我们看来，最重要的是七大武器：引爆点、建理论、争第一、取名字、找理由、编故事、拜图腾。这七种武器是所有武器之魂，是品牌之重器。一些同学曾经问过我，是否还可以增加一些武器。但我想来想去，依然觉得这七种武器就足够了。而且七是个很魔幻的数字：再伟大的画家画画也是用七种颜色；再了不起的音乐家作曲也是用七种音符；上帝也是七天造人……

那么，七种武器的选择标准又是什么呢？就是五独俱全！武器好不好，

第六章
全副武装——七大武器，决胜战场

是看其杀伤力大不大！原子弹并不大，但是其爆炸威力巨大。为了让大家容易判断，我们给出的考核标准就是五独俱全。

不过，我们要指出，五独俱全可遇不可求，三独俱全就可以了，做到四独就已经是品牌武器中的极品了。

五独俱全的五独是哪五独呢？具体来说，就是：打击对手、区隔同类、引发关注、增进好感、关联产品。

一个产品，无论其名字、广告语、包装等如何策划，首先需要打击对手。就像乐虎肯定是在打红牛；快滴虽然是后来者，但是能与滴滴打个平手，说明其武器更锋利。

广告语能打击对手、区隔同类的数不胜数。比如"改名为红罐饮料"的加多宝，就是给对手以重创的实例。同样，巴奴火锅那句"服务不是特色"，让人一眼感觉到其剑锋所指就是海底捞。而我们服务的"碱法"苏打水，就是在众多的苏打水之中，提炼到碱性食品的概念，从而脱颖而出（见图25）。

图 25 区隔同类的"碱法"苏打水

营销诡道
成长型企业市场销售谋略实录

增进好感，更是产品必须要做到的，不能与消费者对立起来，为消费者代言和说话。增进好感的产品，必定有自己的铁粉。比如，金六福、太太口服液，都是很讨喜的名字。

至于关联产品更是如此，不能关联产品的广告语、名字等，就是不知所云。最悲催的，就是让人记住了你的广告和卖点，却忘记了是什么产品。这种错误，在一些进入中国市场的国际产品上经常出现。比如，云南排毒养颜胶囊找一家国际广告公司，做了一个用一堆木头堆砌起来象征排毒的广告，结果消费者大多把它联想成了木地板广告，忘记了这是一款排毒保健产品。

武器和战略、战术的关系，是一种互补的关系，或者加分的关系。再周密的战略和战术，都会因为武器的关系，大打折扣。而精良的武器，却可以很好地弥补战略、战术的缺陷。这从某种意义上讲，武器的精良才是营销战争的关键，我们可以称为营销之重器。

如前面所讲，能达到三独俱全已经是很不错的武器了，所以我们才会从五个方面来提倡五种武器的一脉相承，相互提携和促进，让消费者听到、想到、感觉到我们的产品想要超越对手的、不同于寻常的、让人喜欢的营销理念！

二、天上地下，全副武装

有了五独俱全，我们就可以介绍奇胜营销的七大武器了，它们分别是：第一种引爆点；第二种建理论；第三种争第一；第四种取名字；第五种找理由；第六种编故事；第七种拜图腾。

1. 引爆点——汇聚资源，引爆关键

爆点，是消费者对产品感兴趣的切入点。有爆点的产品，广告都无须投入，也能得到迅速传播。因此，爆点的设计和创作必须是十分用心去做的一件事情。

什么叫爆点？爆点是我们这七种武器最难描述的一种，为什么？爆点有很多：可能是一种技术，例如特斯拉汽车的节能环保（见图26）；也可能是一个模式，例如霍英东的按揭买房；也可能是一个特色，例如我们学员开在上海的云南特色花吃菌煮火锅；也可能是一个服务，例如海底捞的服务；甚至还可能是一套瞎掰的，只要能让人相信的说法……

汤臣一品最大的爆点，就因为在当时敢于卖到全中国最高价，我认为这是一个极妙的爆点。虽然千夫所指，也实现了路人皆知！

因此，我们可以说，爆点是七大武器之中外延最宽广的，这也是将其作为七大武器之首的原因。爆点做好了，为后面几种武器的推出指明了道路。

图26　以节能环保引爆眼球的特斯拉

例如，我们曾服务的一家竹纤维企业，帮助它把战场选定在了女性私护用纸上，选用"大号小号，不用挂号"作为广告语，爆点就足够了！

同样，我们在为杨林肥酒做广告的时候，曾经思考，广告做得再好，也很难脱颖而出，引发关注。于是，我们就想到了把这个广告片拍成中国最长的（针对张艺谋当年八分钟的申奥广告，我们做了九分钟），一不小心还成了微电影的开创者。当时，我们的出发点只有一个，就是要做得够有爆点。

我们的花吃菌煮，每当把云南的虫子摆上桌的时候，无论顾客敢吃不敢吃，餐桌上的惊爆声是绝对不会少的。

爆点如此重要，因此选择爆点必须是严谨的，需要用五独俱全来反复筛选、评判。越是出乎对手预料、关乎人心的爆点，效果就越好、越持续。

2. 建理论——营销，一套革命的理论

伟大的组织与伟大的理论不可分离。任何宗教、任何国家、任何政党，

第六章
全副武装——七大武器，决胜战场

都有一套相匹配的理论，以凝聚人心、阐释方向、描绘未来和利益。在商业领域，同样要围绕爆点，形成一系列理论。

所有的品牌都有一套让人信服的革命理论立足。

在当今时代，不论是现实的经济领域，还是无形的心智领域，都已经被形形色色的东西占满。任何一个产品和品牌的出现，都是对某些原有产品和品牌的否定。对原有产品和品牌进行否定、对自己进行肯定的理论，就是我们所说的营销"革命理论"。

新进入的产品和品牌，有了"革命理论"的支撑才能持续发展：

- "一杯奶强壮一个民族"，为液态奶行业树起了大旗；
- "虫破膜，草破壁"，为"极草"奠定了"高效"的理论基础；
- "排毒"理论，为"排毒养颜胶囊"确立了疗效概念。

我们服务的西安一家早教中心，提出"三岁看大"作为其早教的理念，把三岁前的早教教育看成最重要的早教理论。

建理论，就是让产品、服务和品牌能自圆其说：为什么要做这个产品或服务，这样做有什么好处，对手不好在什么地方、有什么缺点，我就不一样了，能带来什么新的利益。

姑且不论社会上对"极草"有什么争议，它的"革命理论"真正做到了五独俱全，能级应该是原子弹级别的（见图27）：

冬虫夏草，现在含着吃。（引发关注，关联产品）

极草采用现代提取技术，虫是虫，草是草，虫破膜，草破壁，高效吸收。（区隔同类，增进好感，关联产品）

嚼七根不如含一片，极草5X冬虫夏草。（上半句打击敌人、引发关注；下半句区隔同类、关联产品）

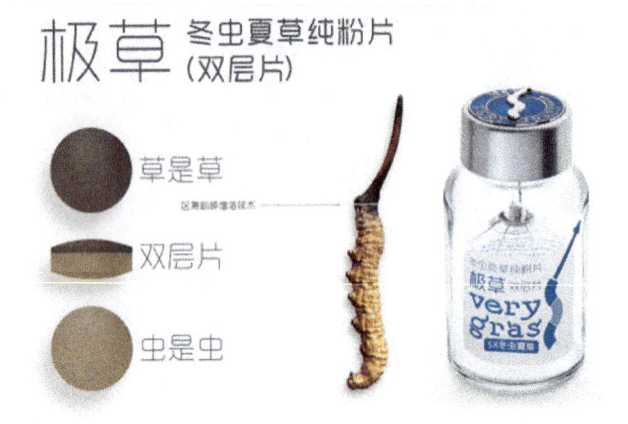

营销诡道
成长型企业市场销售谋略实录

图27 极草的革命理论

一谈到理论，很多企业家觉得太复杂了，觉得难以做到，其实可以很简单，逻辑很清晰。我根据多年的工作经验，把建理论提炼成了三步曲，照着往里面填内容就好了。

第一步，为了方便大家记忆，叫作"旧社会"，就是因为没有你的产品存在，市场是如何不完美和让人遗憾，将市场中存在的问题，都归结到敌人身上去。

第二步，我们称为革命，就是我为什么可以解决市场上的问题，我有什么能力、技术、服务或者有什么爆点，能对整个市场产生颠覆性的革命，

第六章
全副武装——七大武器，决胜战场

或者优化性的改良、弥补。

第三步，称为"新社会"，就是革命之后市场的消费者会得到哪些改善后的好处。

以最近我们服务的一家企业为例：

在没有这家企业的产品之前，中国家庭的洗碗用具没有统一的标准，有用毛巾的、有用口罩的、有用丝瓜瓤的……但是这些东西很容易附着各种细菌，甚至很多家庭一年都没有换过。试想一下，用这些产品，家庭的细菌滋生，病从口入，会引起多大的麻烦！

于是，这个时候我们就"革命"了，用竹纤维制造了一种洗碗纸，倡导即用即丢，杜绝细菌的滋生，取名为"竹够好"。"新社会"的好处，由此不难想象：少生病、环保。

实际上，奇胜营销的思维，并非来自书本，更多来自企业。我们在服务它们的时候，跟它们学到了很多东西。建理论的思路，最早来源于"排毒养颜胶囊"老总焦家良。他认为，产品卖的就是一套理论。我到今天依然清晰地记得这个产品的理论，一样是吻合上述三步曲的：第一步，人为什么脸上会有雀斑、色斑和黄褐斑？这其实不是因为皮肤问题，而是体内的毒素造成的，而一般的护肤品，根本不能解决问题，因为它们只是依靠在脸上覆盖做出来效果，所以消费者花了很多的钱，黄褐斑照样布满了脸。怎么办？排毒养颜胶囊，16味中草药，让你吃了以后，所有的毒素全部排除了，排出毒物，一身轻松，重新找到了漂亮的自己。

建理论的三步曲，其实也是目前互联网+企业的不少商业计划书的核心内容，顶多在最后加上了一个投资利润分析和公司核心骨干简介。这充分说明了建理论作为营销七大武器之一的跨时代性。

3. 争第一——产品，因"第一"而关注

每次我跟同学们聊起来，询问大家谁能说出来世界上最高的山峰是哪座时，人人都能答出来是珠穆朗玛峰。但是，当我问到第二高的山峰时，就无人能答了。当我问到中国第一个航天员是谁时，所有人都能回答说是杨利伟。可当我问后面几位航天员时，大家又是一脸茫然。

同样，当我问到史东鹏是谁时，一样无人回答。其实，在亚运会时，他是百米跨栏的第二名。但是，现在我们几乎看不到任何广告商去找他做代言人。就好像他从来没出现过一样，所有的焦点都投射在刘翔身上。

类似的例子很多，比如在汶川大地震时，有那么多的死难者，但是又有哪位被记住呢？相反，让大家十分汗颜的是，我们牢牢记住的，却是一头名为"猪坚强"的猪。

因此，一个产品品牌，只有成为第一，才有资格在市场上待着。各位企业家会问，哪有那么多第一啊？其实，在营销策划之中，在营销诈术的观念之下，第一是有很多的。只要善于发现、具备创意，谁都可以做第一。

在营销界，有一个著名的故事叫作"本街第一法则"。有一位老先生到法国巴黎开店，到了才发现自己来晚了，因为这里各种第一都有了：欧洲第一、法国第一、第一面料、第一款式。无奈之下，老先生给自己的店铺封了一个"本街第一"的名号。所以，当第一永远有机会，关键在于我们要善于去发现。

就像杨利伟在世界航天史上，并不是真正的第一一样，加加林才是。但是，他之所以出名，是因为他是中国第一。这就为我们争第一开拓了思路、找到了方法：第一是可以被定义的、第一是可以无穷多的。就像世界上有第一个女太空人，叫作捷列斯科娃。因此，我们完全可以相信，在杨利伟之后，必然会出现一个中国女太空人。果然，刘洋成了第一个中国女太空人。

第六章
全副武装——七大武器，决胜战场

这些案例都说明，第一足够多，首先要找到成为第一名的规律，你就可以做第一名了。

我们都知道，《广告法》已经明文规定，在广告中不能再称第一了。但这并不影响我们有第一的营销思维。在措辞上，依然可以强调第一。比如，汤臣一品的房子是卖得最贵的，也是第一。

也就是说，在实践中，争第一有很多的擦边球可以使用。比如，瓜子二手车，它在广告中就说自己"销量遥遥领先"，没有用"第一"两个字，但遥遥领先自然就是第一（见图28）。

图28 "销量遥遥领先"的瓜子二手车

又比如，我们策划的"天下一皖"面条，也是很巧妙地暗示了我们是第一（见图29）。

营销诡道
成长型企业市场销售谋略实录

图29 "天下一皖"的第一暗示

因此，还是那句话，只要肯下功夫，办法总比困难多，营销就是戴着镣铐起舞。对于一个搞创意的营销人来说，就必须做到"善出奇者，无穷如天地，不竭如江河"。

4. 取名字——好名字，成功的一半

如果说在中国有一个公司全世界都没有，而且生意还很红火的话，那就是取名公司了。中国人对产品的名字，一向都是高度关注的。甚至我们认为，一个好的名字，至少能节省25%的广告费。一个好名字，是一个产品所有销售卖点的浓缩。不管是哪套营销学说，对于名字的重要性，都是强调了又强调的。

第六章
全副武装——七大武器，决胜战场

例如，可口可乐最早来到中国时，就是因为名字取得不好，一样退出了中国。它当时取名为"蝌蚪啃蜡"，这种名字能引起中国人的什么观感，大家可想而知。

同样，奔驰轿车，当它才来到中国市场时，被取名为"笨死"，肯定是卖不掉的。即便改名为了"平治"，依然销售平平。直到改名为"奔驰"时，王者的霸气才油然而生。实际上，奔驰的外国名，只是两个外国人名的拼凑：卡尔·本兹和梅赛德斯（见图30）。

图30 "奔驰"名字的进化

类似的宝马的原名是巴伐利亚发动机，相信这个名字是很难引发中国人购买欲望的，但是改名为宝马，就一下打开了消费的大门。而普拉多改名为"霸道"的时候，更加刺激了消费者。

我以前也一直很纳闷，为什么大陆的歌星明星那么多，却干不过港台明星呢？原来，他们在名字包装上下足了功夫。比如，刘德华原名刘福荣；张国荣的粉丝知道其原名时大跌眼镜，竟然叫张发忠；梁静茹叫梁翠萍，完全是一个农村大姐的名字，如何当歌星呢？

087

营销诡道
成长型企业市场销售谋略实录

我过去服务过一家贵州的餐厅叫胖鱼头，后来要做一家狗肉餐馆，为了节约开支，名字就必须足够有爆点。当时我灵机一动，为其创意名字为"狗东西"。当时，有报纸报道，有顾客居然在这个店铺前面，看这个名字看了足足有七分钟之久。试想一下，那些花费百万元做广告的，又有多少人会在其广告前看上七分钟呢？

大家应该都知道浙江美术学院，论师资和其他资源，不会比中央美术学院逊色多少。但是，艺术类考生的首选却绝对不是它。直到它下决心一搏，改名为中国美术学院以后，才足以和中央美院分庭抗礼。

由此可见，名字对于企业来讲，何止是销售的关键，更是一种精神的凝聚力。哪怕是很多国际上的企业也是如此，比如当年的东京通讯工业公司，也改名为SONY（索尼）；IBM也是几经易名，最后才锁定为现在的名字。

有些企业家会担心，自己企业的名字会牵涉法律法规，尤其是资质认证之类的规定。这种情况下，我就会提示他们，名字不要变，而是去加上前缀或者后缀，例如云南有家搞装修的公司，叫作"渤竣"。我认为这个名字没有传播力，提出改名。公司也愿意改，但由于技术方面的资质已经办下来了，一改名资质证书就泡汤了。就在渤竣这个名字后面加了后缀"装家汉"。

后来进行客户回访，问为什么选择了渤竣，没有选其他家装公司，70%的顾客是看到"装家汉"这三个字选择了联系渤竣，因为这个名字既增加了好感，也引发了关注。这就是取名字的重要意义所在！

5. 找理由——为何非买不可

购买需要理由。毛主席说过：没有无缘无故的爱，也没有无缘无故的恨。

第六章

全副武装——七大武器，决胜战场

同样的道理，消费者不会无缘无故地买你的产品，你一定要给他一个非买不可的理由。

我常常跟我服务的企业家沟通，消费者买的不是你的产品，而是你的理由。大家听起来难以理解，但是通过下面的例子就明白了：消费者要的不是凉茶，要的是不上火的理由；洗发水很多，选择海飞丝的理由，则是能去头皮屑。这说明，消费者需要一种概念去说服自己和身边人。所以，一个产品能否卖好，关键是看是否能给到消费者足够的理由，刺到他们的痛点，给到他们想要的。

不能幻想客户自己说服自己，虽然这种情况也有。我们一定要找到并提供给客户一个非买这种产品和服务不可的理由。

提供理由的原则，还是力争做到五独俱全。只要相信营销是诈术，非买不可的理由就一定找得到。理由不一定是货真价实的，也可以是一种心理期待。我相信，消费者很难喝出哪瓶矿泉水是甜的，哪瓶是不甜的。

从本质上来讲，营销不是卖东西，而是卖客户心中的那份认同或感动。理由都要围绕这份感动或认同展开，不是说我如何如何，而是拨动客户心中的那根弦。

其实，消费者非常希望有人给他拿主意，给他选择产品的充足理由，而这种选择往往来自一份对其内心未满足需求的挖掘。比如，瓶盖一开，好运滚滚来，相信很难让人相信。而喝杯清酒，交个朋友，我想，是更能深入人心的。

在解放战争时期，共产党在解放区全面开展土地改革，大批贫农、雇农得到了土地，发动农民参军打仗的口号是"保卫胜利果实"。

邓小平开启改革开放，最广为人知的几句话是"贫穷不是社会主义"，"不管白猫黑猫，抓到老鼠就是好猫"，"允许一部分人先富起来"。

营销诡道
成长型企业市场销售谋略实录

这些口号和观点言简意赅，谁都听得懂，谁都马上明白自己的利益在里面，迅速调动起群众广泛而积极的参与。

说理由要抛弃学究式的论文思维，没有必要一套一套的。把文字思维转化为口语思维，可以极大地放大说服效果。我们要说客户爱听的话、听得懂的话。

我们现在不少的企业，往往喜欢说一些消费者听不懂的话。我有一句话，在业界也是绝口传播的：不在乎多少人看到你的广告，而在乎有多少人相信。有多少人相信，才是产品卖出去的关键。

我在指导自己公司的伙伴时指出，理由相当于广告语，却又高于广告语。理由成为广告语的标准。换句话说，有销售概念的广告语就叫找理由。因为在我看来，好的广告语，就能让消费者迅速产生消费的行动。

在这方面，中国一些很成功的企业，做得十分到位。脑白金的广告语"今年过节不收礼，收礼只收脑白金"，瓜子二手车的"车主多卖钱，买家少花钱"，都是经典之作。

云南有家做装修的企业，我建议它只做施工，不做设计，取名叫锤子装修，它的销售理由就是在奇胜营销课堂上群策群力取出来的：决算等于预算。我认为，这个理由很好，因为这个行业有个最大的痛点，装修预算很低，做完之后决算却很高，一下就能为消费者找到消费的充足理由。

大品牌大公司不在乎花费大量广告费去推广，但对于我们的成长型企业，却不能不重视找理由，因为它一定可以让我们事半功倍！

我们过去服务过一家云南的邓川碟泉牛奶，针对竞争对手工厂饲养的特征，就提出了家养的好处，找到了一个理由："吃百草，奶质特别好。"

这成为邓川蝶泉牛奶的特殊形象，进入昆明市场后站稳了脚跟，取得了不错的市场占有率。

第六章
全副武装——七大武器，决胜战场

从营养学的角度说，奶牛喝天然的泉水河水，吃各种各样的草和饲料，和品质确实没有完全的逻辑关系，但消费者就相信。

同样，当年我们在负责昆明旅游形象推广时，一直认为昆明无论是从购物、会议还是其他方面，都无法与外省市相比。最后，我们提炼出了昆明最大的特征——天气好。据此,我们推出了"昆明天天是春天"的广告语，成为迄今依然在旅游市场众所周知的一句话！

每当雪花飘飘时，每当酷暑在几大火炉上演时，我们投放这个广告，会产生什么样神奇的效果？以至于后来昆明市领导觉得用这句话已经超过15年了，想要换一句，就召集昆明的文人墨客集体讨论，讨论来讨论去，还是觉得这句话好。

高僧只说家常话，理由一定是能让消费者都听得懂的话，在心理、情感上成立才是最重要的。

6. 编故事——营销，因"故事"而传播

我们很多企业家担心推广费用太高，但是一家企业如果有一个很好的故事的话，就会节省很多的推广费。我们亲眼见到了很多厉害的企业，就是通过一个故事，走进了我们的生活，得到了交相传播，互联网时代更是如此。

然而，在实践中，我们很多企业却忘记了这个重要的营销武器及其高效率，苦苦外求，却不去往内求。一个好的品牌故事，就已经把产品想要传播的东西，全部传播到位了，而且更容易传播。

大家都知道，海尔第一次成为我们购买的选项时，就是听到张瑞敏砸冰箱的故事。同样，ZIPPO打火机成为男人抽烟必备品的时候，也是因为一个挡子弹的故事，让我们对其开始深入了解；我们从未听过伟哥的广告，

营销诡道
成长型企业市场销售谋略实录

但是它的故事早于其产品来到了中国。

故事比产品更容易传播。我们常讲，产品要靠口碑。其实，口碑的内容就是故事。很多企业家肯定也知道品牌故事的重要性，但是大家却十分苦恼于品牌故事的编撰。每当此时，我就会告诉他们，真感情就是好文章。毫无疑问，那些牵强附会的品牌故事，早就被人嚼烂的故事，是很难赢得消费者认可的。

中国的革命史，同时也是一系列的故事史：

说起井冈山，就有朱德的扁担；说起反围剿，就有活捉张辉瓒和十送红军；说起长征，就有飞夺泸定桥、爬雪山过草地；说起抗日战争，就有平型关大捷、百团大战、奇袭阳明堡机场和南泥湾；说起解放战争，就有保卫延安、千里跃进大别山、三大战役。

新中国成立以后，焦裕禄、王进喜、雷锋、时传祥、华罗庚、陈景润、孔繁森……这么多故事和人物，使抽象的理论变得具体，使政党的形象人性化、具体化，与普通人心中的是非、喜乐相互呼应，即使不同的故事威力不一样，但在"枪炮、飞机、导弹"的轮番出击下，产生了持久、强大的营销效果。

我们最近服务的"三岁看大"早教中心，其品牌故事就具有很强的杀伤力。三岁看大的胡总，贷款请我们做全程策划，而且没有早教经验，起初我们是准备退订单的。但是，当我们到西安，听到他的悲苦经历后，很多在场的人，都落下了感动的眼泪，甚至有不少人还泣不成声！这就是我所说的"真感情就是好文章"的绝佳案例！在我看来，胡总的故事，就是他将其早教中心做好的动力和理由！我们相信，这个理由一定可以支撑胡总在早教行业走出一片自己的蓝海！（关于胡总的故事，我们在本章的末尾，会有专门的案例呈现，敬请关注！）

必须提醒各位企业家,故事一定是与产品关联的,不能把产品丢在一边。千万不要有了故事,却忘了产品。

优秀的故事需要多角度选取,源于生活但可以高于生活,还要用五独俱全的标准仔细加工,使它具有强大的典型性和传播力。

7. 拜图腾——品牌,因"形象"而美丽

曾经有一个春兰空调的市场部经理跟我聊天,一直以来她有一个困惑:春兰跟海尔,在央视的广告投放量是一样的,但是结果却大相径庭。很明显,海尔的知名度就是要比春兰好。这是什么原因呢?

我想,原因肯定很多,但是有一点就是海尔的标志比春兰更让人印象深刻(见图31)。这一点,我曾经多次在课堂上向同学提问,询问有多少人记得春兰空调的标志。每当此时,大家的印象都十分模糊,极少有人能清晰地答出来。但是,一旦说到海尔,似乎人人都能说出来是两个小孩!

图31 极具传播度的海尔标志

这引发了我对营销第七大武器的思考。目前,很多公司都在关注VI设计,但是却脱离了营销的思维。VI设计做得再好,没有营销思维,都无法解决实效问题,顶多装点门面而已。因此,需要将VI做个升级:有营

营销诡道
成长型企业市场销售谋略实录

销思维的 VI 设计，就叫作拜图腾！

为什么叫作拜图腾？我们可以回头研究一下海尔为什么能胜出。究其实质，就在于海尔的标志，是两个非常具象的小孩，所以大家才记住了。而那些用抽象字母做标志的，一般都是吃亏的。

正是由于这个原因，我们公司在招聘新的设计师的时候，都会向他们指出：营销的思维和艺术是完全两样的，冰火两重天。之所以这么说，是因为一个艺术家画一瓶酒，不是为了卖这瓶酒，而是卖那幅画。有营销策略的艺术家，其实就是广告人，他要是去画一瓶酒，关键就是能把这瓶酒卖出去。

因此，我有一句话在业界广泛流传：设计是解决营销问题的方案，而不是美术作品。从这个角度出发，我才认为，由于海尔的设计是具象的图案，所以才能胜出。这其实跟互联网时代讲究快捷的读图思维，是一脉相承的。所以，图案是超越国界的通行文字，这就如同在男厕所画个烟斗，女厕所画个高跟鞋一样。

当然，有人可能会反驳，肯德基确实是图案化的，但是麦当劳却是一个字母 M。然而，要知道，这个字母 M 就是没有肯德基爷爷易于传播。所以，麦当劳才增加了一个红鼻子小丑作为标志。为什么要这么干呢？就是为了引发关注、区别敌人。大家千万不要小看这个卡通形象，它在世界卡通形象的知名度排行榜上位居第三（见图32），第一名是圣诞老人，第二名是唐老鸭米老鼠。

所以，我才一直坚持认为，品牌形象设计一定要形象化，要么反映你的产品，要么反映你的服务。就如同我党的标志"镰刀斧头"，形象生动地表达了工农联盟。企业也是如此，正是在这样的细节之处，慢慢地拉开了距离。

第六章
全副武装——七大武器，决胜战场

图32　麦当劳红鼻子小丑 PK 肯德基爷爷

我反对用英文缩写做标志，却并不反对用中文。因为中文是唯一可以当作画来欣赏的文字，这是由于其象形文字的性质。所以，用中文做标志也是惯用的手法。

图案化也要深入人心，在色彩上要极端化。这一点，我们的老祖宗早就知晓了：关羽一定是红脸，曹操一定是白脸，张飞的脸一定是黑色的。那么，各位企业家朋友，你们的脸是什么色呢？这也是要给消费者一个明确交代的。

之所以要叫作"拜图腾"，是因为最早从原始部落开始，人与人之间的区分，就在于其信仰的不同。而信仰的不同，就在于将其信仰做成了图案，并且顶礼膜拜，这就是图腾。

到了今天，鼓励很多企业膜拜自己的图案和产品，因为这是唯一能带给自己幸福的东西，我们不拜拜什么呢？这一点，也跟古代部落崇拜自己的图腾一模一样。

图腾源于标志设计，却要高于标志设计，是有营销目的的设计，是有营销理念掺杂其中的，我们称为拜图腾！

最近我们服务的华人冷链物流，由于要与外国人打交道，其原有的标志都是英文字母。但是，我们考虑到中国消费者的心理，就将其英文字母中的S做成了一条龙，一下子就具有了活力和精神。

此外，我一直认为，在为企业进行标志设计时，不需要写什么设计说明。我认为，那些一本本的设计说明都是牵强附会，没有什么实际意义的，还是要回归客户对你的感觉，没有一个客户会在看到你的标志时，去看设计说明。最重要的是要让你的标志自己会说话，无须更多解释。

好的标志，就是品牌的记号。好的标志一定要图案化，让人一眼就看得懂到底在传播什么。因此，我们要让人懂得我们的图腾，崇拜我们的品牌。

小结

引爆点、建理论、争第一、取名字、找理由、讲故事、拜图腾是一整套全副装备。武器的威力有多大，与是否五独俱全直接挂钩：能不能打击对手，能不能区隔同类，能不能引发关注。

不要根据自己的喜好来设计武器，而是一亮相就抓住顾客，一出场就对竞争对手失去信心。

如果现在离对手还有差距，那就把每个细节做得都比对手好。即使再强大的对手，通过七种武器的组合都可打出一片天地。

七种武器每一种都做到五独俱全非常难，但可以分工。例如，名字引发关注、关联产品就行了，然后通过理论、理由、故事打击敌人、增进好感，图腾、包装区隔对手、增进好感、关联产品，七种武器协调起来就是五独俱全了，也具有非常的杀伤力。

关键是一定要全力以赴地执行，这些武器都不需要花很多钱，要的是付出、努力。

第六章
全副武装——七大武器，决胜战场

附录6A

奇胜营销实战案例

多年以来，我带领"张晓岚营销策划中心"的同人，致力于广大成长型企业的市场营销实战辅导与服务。

与中国其他营销策划机构不同，我们集数十年功力，从众多的策划案例中提炼出简单、直接、高效的营销理论，并以"奇胜营销"的课程形式广泛传播，影响了众多成长型企业。

我们还长期深入企业内部，在深度市场调研和了解企业痛点的基础上，帮助广大成长型企业找到了切合现状的市场营销战略、战术和武器，在残酷市场竞争的红海中杀出一条血路，找到了摆脱困局、战胜敌人的最佳路径。

"奇胜营销"第一期同盟企业，是在行动教育"校长汇"课程中涌现出来的一些企业。这些企业来自不同行业，遍布全国各地，有着不同的愿景、使命和价值观，却同样在激烈的市场竞争中对各自企业的营销谋略把握不定，希望能找到更加落地、高效的营销武器。

为了能解决它们的问题，我带领团队深入企业走访，在广泛的市场调研基础上，策划了适合它们切身状况的市场营销方案，既包括了战略、战术，也涵盖了"七大武器"；既是我们团队辛勤付出的成果，也凝结了这些企业努力学习实践的心血。以下内容，就是这些成果与心血的见证！

营销诡道
成长型企业市场销售谋略实录

华人冷链 | 華人冷链

华人冷链物流战略方案

类别	医药冷链物流	医药器械	大健康
战略	产品集中	产品升级	产品升级
战术	产品全线布局	品牌和产品延伸	品牌和产品延伸
措施	1）加强冷包生产、供应、销售 2）推广温控干线班车 3）加强箱包运一体化定制服务推广 4）加强院内物流的布点 5）加强区域落地配的布局	1）物流带动商流 2）利用现有医药物流网络进行医药器械销售和运输	国际生鲜品和保健品的引入

七大武器

七大武器1——引爆点
医药冷链标准的制定及践行者

七大武器2——建理论
186个质量文件，253个SOP

七大武器3——争第一
第一家全程参与药品与医疗器械GSP法规起草的冷链企业

七大武器4——取名字
华人冷链

第六章

全副武装——七大武器，决胜战场

七大武器5——找理由

我们敬畏生命！
我们畏惧医药断链及超温不安全！

七大武器6——编故事

华人冷链，我们尊重每一盒药品

"你的孩子打疫苗时，你纠结吗？你的父母注射胰岛素时，你纠结吗？""纠结，半年都没打了。"类似这样的药品冷链安全问题是每一位父母和儿女的担心和忧虑。

华人冷链，作为一家专业医药冷链物流服务企业，我们像所有父母对待自己的儿女一样对待药品运输安全，敬畏生命，尊重每一盒药品。用心经营企业的同时，还积极成为国家医药冷链标准的参与者和践行者。2005年，德国某著名药企的供应链管理团队在国内寻找冷链物流供应商，一开始，满腹疑虑地来到华人冷链，看到了华人冷链的专业团队、信息系统、质量体系、运能资源……考察团队驻足了，历时半年多的安全、质量确认，最终放弃了原有国际供应商，选择了与华人长期合作；2012年，法国某著名药企的医药供应链项目已经招标过半，其国际供应链管理团队偶然来到华人冷链学习参观，他们惊呼中国有如此精细化的冷链服务体系，重新招标、重新审计，历时1年半，最终选择华人冷链作为其中国冷链包材及运输服务的长期战略合作伙伴……

2004年，华人冷链创业团队因为好奇"科技发达的当下，这么多人去南极、北极考察，却没有被冻伤，是什么样的保温材料做到的，我们可不可以找到像这种保护自己身体一样的材料来保护我们运输的药品？"带着这份使命，从那一天起，该团队往返于多家科研机构、出入于几十家包材厂、搜索了千万材料的辞海；实验室里，历时700多天、千万次的实验与论证，推出了全国首款能实时监测温度的冷链周转箱，建成了华人自己的冷链实验室，积累5年的运输线路数

营销诡道
成长型企业市场销售谋略实录

据，为国家新版GSP法规的制定提供了权威数据；冷库里，历时48小时预冷40分钟释冷3分钟装箱封箱，华人在进行药品冷链包装操作；恒温库中，8个护角3层缠绕膜5层瓦楞纸箱，华人在保护包装药品；站台前，1张车况检查表2圈车况巡查5层药品安全码放，华人的冷藏车在整装出发；京广线上，两位司机每四小时一班80千米的安全时速和线路规划，华人在运送药品；药库内，历经36小时干线10小时中转配送，华人在交接验收药品。药者慈悲意，智者执着心。敬畏生命，187个质量文件253个SOP只为尊重每一盒药品。希望通过这一代人的努力，通过提供安全高效的冷包冷运服务，让我们的子孙后辈打疫苗的时候再也不用纠结、担心和疑虑。华人冷链，用12年在践行这份尊重，还将用100年来优化这份尊重，延续这份尊重。

七大武器7——拜图腾

吉祥物——小龙人

第六章

全副武装——七大武器，决胜战场

欧邦智能家居（武汉）有限公司

一、确定战场/分析战场做什么产品？

▶ **做什么产品？**
  "0"醛耐用衣柜

▶ **做谁的生意？**
  二三线城市消费者

▶ **确定市场**
根据公司的战略需快速跑马圈地，确定目标市场为二三线城市，一线城市被一线大牌占据，如要突破需要相当高昂的代价和相当长的时间。

▶ **确定敌人**
某一线大品牌（全国第一，销售40亿元；区域第一，武汉年销售额3.5亿元）

a. 发展空间
市场空间巨大，值得做。

b. 竞争态势
1）有没有形成二元竞争垄断？
未形成，一线品牌有数个。
2）资源有没有被垄断？
未垄断，板材供应商多元化。
3）行业是否夕阳行业？
否。《2014年中国建材家居产业发展报告》显示，2014年中国建材家居产业市场规模达到4万亿元，其中家具制造业市场规模近1万亿元。据粗略估测，定制家具占我国整体家具市场份额的20%~30%，参照国外定制家居60%~70%的市场渗透率，行业正处于快速增长阶段，市场空间广阔。
4）你的优势支持：
- 华中规模最大的厂房私有土地，设备同行中最全最先进；
- 华中区位优势；
- 理念优势——优于大部分同行的顶层设计；
- 生产实现工业4.0智能信息化；
- 华中区同类企业资金优势。

营销诡道
成长型企业市场销售谋略实录

二、针对敌人／分析敌我

▸ **寻找战机**
  1）未针对耐用性单独推广；
  2）未针对环保单独推广；
  3）供货不及时，服务周期长。

▸ **确定打法**
  差距很大，游击进攻战（农村包围城市）。

▸ **主要打法？为什么？**
  1）对加盟商来说：一线大品牌已经相当成熟，美誉度相当高。在一线城市有庞大的集团军（单品牌、多店面），但在二三线城市只会有一个经销商，却又有许多有加盟意愿的创业者，无法加盟一线品牌。这样，我们就提供给他们一个良好的加盟选择。
  2）对消费者来说：我们在二三线城市，主推某一线大品牌没有提出的耐用、环保概念，凭借供货、交付、服务周期短等优势，提供差异化选择。

三、配置战术

敌我差距很大，所以我们选择游击战。
消费者细分：关注耐用、环保的消费者。
产品集中：主推"0"醛耐用衣柜。

第六章
全副武装——七大武器，决胜战场

✕ 七大武器 ✕

七大武器1——引爆点

- "0"醛
- 耐用
- 最贴心的衣柜：
  1）售后服务，赠送原装配件，便于后期维护；
  2）柜门更新套餐加入会员制。

七大武器2——建理论

在使用衣柜3~5年后，都会因为五金的松动、板材的变形、门板的损坏而让衣柜变成消费者的苦恼和无奈的源泉。如果再次消费，消费者将选择更加耐用的产品。

结合消费者使用习惯，欧邦耐用衣柜通过和德国同行的共同研发，严格按照德国的工匠精神，进行了15万次的破坏性试验，终于成功制造出比传统衣柜耐用15年的0醛衣柜。

欧邦耐用衣柜为了保证0醛耐用品质，制定了比行业标准更加严格的产品标准（XXX企业标准），成为行业耐用衣柜标准的制定者。

七大武器3——争第一

中国环保耐用衣柜第一品牌

七大武器4——取名字

欧邦0醛耐用定制衣柜

七大武器5——找理由

1）醛无定制"欧邦"，家居耐用健康
2）就是多用15年，就是0甲醛
3）传承衣柜，多用15年
4）0醛家+多用15年

103

营销诡道
成长型企业市场销售谋略实录

七大武器6——编故事

这天，张正国又一次回到故居，年近50岁的张正国做好了告老还乡的准备，走在这间传承数百年的旧宅，手中的鸡毛掸子扫过每一件家具，每一处器件，大部分家具都已古旧甚至腐朽，张正国心中升起颇多感慨。这间古宅是太爷爷一手打造的，始建于清朝末年。张正国细心地打扫着太爷爷的房间，突然间，立在墙角的老衣橱引起了他的兴趣，尽管外观已然有着古老的痕迹，但在漫长时光的洗礼下，柜体泛着一种奇妙的古朴光泽，韵味十足。然而，开合之间，能明显感觉到五金用件已不顺畅，且因久未使用已结满绿锈。一抬眼，柜体背板右下角刻着一行小字："卡尔·欧邦贺赠。"张正国心想，将五金件替换，就能修复这套老衣橱了吧？几经周折和多方联系，张正国得知，这位卡尔·欧邦是太爷爷当年的好友。

清朝末年，正值洋务运动，张之洞等人在汉阳筹建兵工厂，年轻的中国工程师张兴发（张总太爷爷）也参与其中。在筹建工地上，张兴发与漂洋过海来到中国的德国工程师——卡尔·欧邦（欧邦家族第十代传人）结识，二人在长久的合作中建立了深厚的友谊。几年后，卡尔·欧邦任职期满，分别之际，其团队为即将结婚的张兴发亲手打制了一套衣柜，作为新婚贺礼。

2014年3月，一位卡尔·欧邦的后裔再次拜访张正国，这已是两人第二次见面了。寒暄过后，张正国提起太爷爷生前最爱的衣橱五金坏掉了。对方笑着说："你回去打开衣柜，翻开下面的暗盒，一切问题都会解决的。"原来，这个零件的寿命本就只有60余年，如今早已经到了需要更换的时候，当年曾祖父卡尔·欧邦早已预见到零件采购不易，所以在衣柜最深处一个暗盒内，藏了一套备用零件，如今只需将其更换上，衣柜便可继续正常使用。

拿出五金备件，张正国百感交集，被德国的工匠精神所深深打动。如今，这套老衣橱，不仅传承了德国的工匠精神，更见证着两个家族间辗转百年的深厚羁绊。

第六章

全副武装——七大武器，决胜战场

德国的工匠精神，不仅是一种精湛工艺，表达的更是一种态度。于是，张正国毅然从当下的地板产业拓展到衣橱衣柜，并参照德国工艺，为每个衣柜准备一个暗格放置全套备用五金备件，致力于为消费者打造最耐用的家居产品。经过筹备，2015年，张正国投入十亿元巨资，将欧洲高科技生产设备和德国举世闻名的先进生产技术引入国内，打造与国际全面接轨的标准化设计、生产及安装流程，在软件和硬件上致力赶超欧洲先进水平。

一直以来，欧邦倡导绿色定制家居，每套产品严格按照国家环保标准执行，坚持采用符合E0级环保标准的无甲醛无污染板材，优选德国海蒂诗、奥地利百隆等国外顶级五金配件，特聘欧洲顶尖设计师亲临现场指导，在制作工艺上比市场同类产品更专业、更精细、更完美。在实用性能上，每个细节都一丝不苟，秉承德国工匠精神，将精湛的工艺和耐用的板材结合，带给使用者更加细腻的使用体验。

并且，考虑到衣橱衣柜等产品更应以女性客户的收纳需求和个性置放为主，在传承德国工匠精神的理念之下，又创新地推出集个性设计、完善空间布局等思维模式下的革命性产品，正如欧邦·柜族广告语所言："更懂女人心。"做到更多空间，更好利用，也就是"收纳大师，一柜顶三"。

欧邦·柜族美轮美奂的产品、顶级设计师团队，都在诉说着这个世界上最好的品位和最高的艺术灵感。正如张正国所说："我想把自己看到的美好事物，带给那些爱艺术，懂生活的人。"这就是艺术与严谨的力量，为人们带来对自然、人文、历史及自身的关爱，形成美好生活中更深层次的细腻体验。

七大武器7——拜图腾

欧邦 OuBon

营销诡道
成长型企业市场销售谋略实录

大号小号

一、战略战术分析

▸ 战场

1）女性纸巾近50亿元市场；
2）女性私护用纸市场调研分析：
① 白纸市场成熟，但品质参差不齐；
② 本色纸凭借健康天然环保这一理念，成为生活用纸的蓝海市场。

▸ 战机

我们将研发一款健康无添加抑菌的私护纸巾，切入空白的私护护理领域。

▸ 战术

反向定义敌人，突出大号小号优势：
1）健康危害：木浆纸漂白添加湿强剂，化学残留、细菌滋生、二次污染是妇科疾病高发诱因；
2）抑菌环保：竹纤维本色不漂白，天然抑菌，循环再生不砍树；
3）功能性：不是所有纸巾都是女性专属（包装显示出口型），提出女性私护理念——女性私护选择大号小号专属用纸。

✕ 七大武器 ✕

七大武器1——引爆点

- 私护用纸，本色健康抗敏抑菌纸巾
- 广告语：大号小号，少挂号！
- 口号：减少妇科病！减少感染源！
  别用漂白剂！别用增白剂！

第六章

全副武装——七大武器,决胜战场

七大武器2——建理论

1）劣质纸巾横行,原材料参差不齐。
2）以白为净的用纸误区（荧光剂、二噁英添加剂通过皮肤黏膜进入人体,形成沉淀,带来安全的重大隐患）,暴露空气中的卫生纸。
3）妇科诊所患者爆棚：调查数据显示,中国妇科疾病高达70%的发病率。妇科疾病逐渐年轻化,女性下半身疾病占首位。难言之隐,讳而不言！而最大的接触源则是卫生巾及擦拭用纸,不是所有的纸巾都适合女性私护使用。
为此我们深度挖掘竹纤维的天然抑菌功能,医护级标准,值得信赖的私护专用纸巾,减少感染源细菌入侵,保护女性的健康之源。

七大武器3——争第一

第一个女性私护健康用纸品牌
第一张从根源解决女性健康问题的专属纸巾
全球女性用纸专家
制定女性用纸行业标准第一品牌
98%的抑菌率,24小时内76%的杀菌率

七大武器4——取名字

大号小号

七大武器5——找理由

你的肌肤敏感吗？你的私处怕感染吗？你还在用卫生纸吗？
大号小号,拯救你的私处健康！
我们的纸抑菌,天然抑菌率高达98.6%！

营销诡道
成长型企业市场销售谋略实录

七大武器6——编故事

女人的身体不会说谎……

2013年，新闻学科班毕业的安娜转战电商，将目光瞄准了本色纸这一新兴产业。在这里，她遇见了时任市场总监的艾琳。对健康事业的一致追求，令两个年轻的女孩很快成了无话不说的好朋友。一次闺房私话让她们意外发现，自从改用本色纸开始，身上莫名反复的难"炎"之隐明显减少。再一问，身边不少姐妹正深受不同程度妇科炎症的骚扰，尴尬难以启齿。尤其炎热的夏天，瘙痒、白带、异味等私密问题实在让人坐立不安，寻医问药也治标不治本，一直反反复复。她们更苦恼的是，为什么明明我们洁身自好，还会遭受如此折磨？

多年从业经验沉淀的新闻直觉与职业素养，让闺密俩敏感地意识到背后大有文章。深入调研的结果让她们大吃一惊：中国妇科疾病发病率高达70%，并且呈现年轻化趋势！脸上的不完美可以用化妆品修饰，但下半身的不适却无论如何都不能遮掩或无视，因为你的身体不会说谎！

但是，谁来守护3.2亿中国女人的第二张脸？

女人的盆腔、子宫、宫颈、阴道与外界环境都是相通的，独特而敏感的生理结构注定它们更容易"受伤"。而市面上各种（湿）纸巾五花八门，产品质量参差不齐，漂白剂、荧光剂、湿强剂等有害残留，酒精等化学添加以及细菌滋生二次污染——平均每天10次以上的0距离接触，每次擦拭都是一种伤害！日积月累，你的秘密花园变成了病菌温床。

原来，一张不卫生的纸巾和简单粗暴的用纸习惯，就是妇科疾病频发的罪魁祸首！但是纵观市场，女性用品琳琅满目，唯独缺少一款值得信赖的私处护理纸巾，贴心呵护3.2亿中国女人的第二张脸。

没人做，那我们自己先来！

大号小号少挂号，根源上预防难"炎"之隐！

第六章
全副武装——七大武器，决胜战场

说做就做，安娜与艾琳迅速组织了专项小组（"妇愁者"联盟）。3年快消品实战经验，赋予她们专业的理论知识与高效的执行力。5万多千米飞机行程，十几种原料筛选，8家优质造纸工厂实体考察，以最严苛的行业标准，终于带来了自有品牌——"大号小号"女性私护专业用纸。直白、有趣的品牌名称，令人会心一笑、过目不忘。

创新理念、专注精神，加以匠心工艺，方能创造一款全新定义女性私护用纸标准的划时代产品。"大号小号"完美挖掘竹纤维天然抑菌功能，糅合欧美医护级用纸标准，从迷你便携的独立包装，到亲肤柔韧的极致品质，每个细节都给女人足够的安全感。以天然慈竹为原料，原生态不漂白，拒绝荧光剂，拒绝化学添加，更有高达98.6%的天然抑菌率，根源上减少感染、刺激，有效预防妇科疾病的侵扰。

这就是"大号小号"，全球第一个专注解决女性私护健康的纸品牌。它用一张天然抑菌的安心纸巾，捍卫了女人第二张脸的尊严。

七大武器7——拜图腾

营销诡道
成长型企业市场销售谋略实录

国保科技

一、战略战术分析

▸ **战场**
　1）东三省，重点锁定吉林省吉林市
　2）浙江

▸ **战略**
　1）东北采取主动进攻
　2）浙江省采取积极防御战

✕ 七大武器 ✕

七大武器1——引爆点

中国首创环卫机器人
在公司服务范围内热闹的街头或公园入口处，放置公司图标机器人，或拿扫把扫地，或拿小旗宣导文明。

中国首创公益"国保"格子
在城市建立固定失物领取箱（统一标识、统一安防措施），把环卫工人及其他人员捡到的失物放在里面，以公众号、微信扫码、电话联系的方式，寻找失主归还物品。

七大武器2——建理论

原有环卫行业，被歧视、收入低、没地位、工具落后。
国保4.0，智能环卫（革命手段），被尊重、收入高、自豪感强、效率高、首创中国最高环卫行业标准。

七大武器3——争第一

环卫市场化标准的第一制定者、环卫智能化运用程度第一、环卫市场占有率第一。

第六章

全副武装——七大武器，决胜战场

七大武器4——取名字

国保环境科技公司
国：高度
保：保洁行业、保护环境
科技：科技是第一生产力，以科技领导行业！

七大武器5——找理由

国保环卫4.0，智能美化城市；
制定中国环卫行业执行标准四化：
流程标准化、操作规范化、管理制度化、工具智能化

七大武器6——编故事

改变环卫人命运，创造环卫科技未来

有些事情好像就是冥冥之中注定的，一语成谶，30年前，有个淘气的孩子，他的母亲对他说："你再不好好读书，将来你就要扫大街！"

"扫大街"虽然是很多家长常用来对付"调皮捣蛋"孩子不听话时恐吓他的言语，但从这里，我们也可以看到很多人对这个必不可缺的行业缺乏正确认识。

在韩国，只有通过了文化考试、体能测试并且要符合年龄规定的人士，才有资格成为一名环卫工人，他们的收入甚至比公务员还高。而在我国环卫行业的健全、健康发展显然还有很多的路要走。

徐松涛——当年那个被母亲威胁要"扫大街"的男孩，现在已成为深耕环卫事业十多年的企业家，不爱读书的他却一生没有停止过学习，在浙江丽水他带领着他的环卫团队——红花人，锐意进取，从严寒到酷暑，穿大街走小巷，全天候地维护着一座城市的容颜。在各级部门和全体市民的帮助下，丽水这座西南部的小城被评为"中国生态第一市"、"全国文明卫生城市"。

美国著名的篮球巨星科比曾说过一句感动世界的话——"我知道凌晨四点每天洛杉矶的样子"，而对于勤劳红花人来说，他们知道城市每一天每一分每一秒的模样。徐松涛常常和人说，过去他怎么也不相信有人说的在香港、东京几个月都不用给皮鞋擦灰，去过之后才发

营销诡道
成长型企业市场销售谋略实录

现我们的差距。一座城市无论它拥有多少高楼大厦或者小桥流水，环卫不达标一样会让人生厌。

环卫是一座城市的脸面，环卫是一座城市的品位，环卫更是一座城市的尊严！

为了提升环卫工人的道德素养、工作技能，公司不断组织学习和外出考察，拾金不昧、助人为乐的故事在这里早已是家常便饭。在政府和相关部门的帮助下，不但解决了环卫工人免费的早餐和午餐，工资待遇更是每年大幅度提升。公司成立10年来，先后获得全国百强家政服务企业荣誉称号、浙江省3·15金承诺优秀单位、浙江省工商企业信用"守合同重信用"单位、中国清洗保洁十大标兵企业、11315企业征信立信AAA级单位、丽水市创建国家卫生城市、省示范文明城区工作先进集体、丽水市创国卫擂台赛先进企业及第二届"十佳"文明单位等。此外，市民自发相赠的锦旗更是数不胜数，也不断受到电视台、《处州晚报》等媒体的报道和关注，在社会上赢得了一定信誉。

为了提升环卫工作的效率，红花人率先利用手机的彩信、微信功能建立了工作监控网络，做到环卫情况第一时间报告、第一时间处理，处理结果第一时间反馈，使环卫工作更加快速高效，获得了市民和相关政府部门的高度评价。

今天的红花人在环卫的道路上又迈开新的步伐，制定中国环卫行业执行标准四化：流程标准化、操作规范化、管理制度化、工具智能化，业务范围也拓展到杭州及东北各城市，美化着更多的城市，服务着更多的市民。在环卫专业上红花人也进行了迭代升级，2016年成立了"国保"环境科技集团，引进了世界一流环卫智能作业系统及环卫机器人，使环卫工作进入环卫4.0时代。

从一扫帚一扫帚地丈量城市的街道开始，从一车车一车车运离垃圾的环卫车启程，昨天的"红花"人，今天的"国保"人，从未停止前进的步伐，用辛劳的汗水提升着行业的尊严，用科技美化着城市的未来。

七大武器7——拜图腾

绿色代表环保、机器熊猫代表科技，也体现了企业以环保事业为使命的决心！

第六章

全副武装——七大武器，决胜战场

三岁看大

三岁会做人，一生能做事！

一、战略战术分析

▸ **战略**

21世纪最后一支原始股，中国婴童数量将持续增长至2020年峰值2.61亿人，且在"二胎"放开的额外拉动下，年均新增婴童还将增加100万~200万人。

综合测算，预计2017年产业规模将达到25 803亿元，远景规模将达到3万亿元。早教行业会是个长期朝阳产业！

▸ **战场**

西安

▸ **产品**

0~3岁早教

▸ **客户**

0~3岁孩子父母及准妈妈

▸ **敌人**

西安某早教公司，三家店年销售额3 000万元。

▸ **打法**

游击战、侧翼战，因差距太大，无可比性。

✕ 七大武器 ✕

七大武器1——引爆点

一岁两岁三岁看大——便于直接找准客户。

七大武器2——建理论

技能训练不是早教真正的理念
人性教育，创3岁看大的教育体系

营销诡道
成长型企业市场销售谋略实录

七大武器3——争第一
只专注0~3岁早期教育

七大武器4——取名字
一岁两岁三岁

七大武器5——找理由
三岁会做人，一生能做事！

七大武器6——编故事

三岁会做人　一生会做事

我叫胡群山，陕西旬阳人，20多年前，为了养家糊口，来到西安，依着吃苦耐劳的本性，开了一家广告公司，日子一天天过去，我们一家也其乐融融。

我有一儿一女，在农村，儿女双全，代表着后继有人，家庭美满幸福。我的孩子们非常可爱、懂事。我们非常关注孩子的学习。女儿考上了大学，儿子叫胡波波，是他妈妈的心头肉，在西安最有名的中学就读，三年寒窗苦读，获得了免费出国上大学的名额，在全家人都为这件事庆祝和喜悦的同时，没想到儿子身边却笼罩着危险和阴谋。

我们订好2009年10月19日去韩国的机票，在临走之前孩子非要回老家看看爷爷奶奶。殊不知被同村的几个小混混盯上了。这些人伙同波波的表弟，在波波回到西安的第三天下午，从旬阳老家开车到西安，将孩子绑架回旬阳，最终残忍地杀害了他！！！这些杀人犯一共有6名，5男1女，最大的21岁，作案时开的车还是他父母当年送的生日礼物，家庭条件很优越，最小的那个女生只有16岁，还未成年！当我在警局看到其中一个竟然还是我的外甥的时候，我简直不能相信我的眼睛，他可是我的亲外甥呀！

原本幸福和睦的家庭，也因为儿子的惨死而陷入一片阴霾之中。孩子的妈妈整日以泪洗面，泪水浸透了衣襟，滴穿了心房。而我的脑海里，总是盘旋着孩子遇害前求救的声音"爸爸，救救我，我怕"，还有他妈妈当日撕心裂肺的哭喊和肝肠寸断的嚎叫。我恨死了自己，也恨透了这个社会，为什么偏偏是我来遭受这个磨难？我做错了什么？为什么？为什么？

　　我们如行尸走肉般过着生不如死的日子，最终有一天妻子跟我商量，计划着想再要个孩子，但49岁的她何以能再生个宝宝！明知是天方夜谭，但看着她充满希望的眼神，也是为了完成她的心愿，我同意了。楼顶几大麻袋药渣见证着我们的决心。中间的辛苦和心酸不多说，皇天不负有心人，最终上天赐给了我们一对双胞胎儿子。

　　看着双胞胎一天天长大，听着他们天使般的笑声，我内心是欢喜的，但是隐隐又多了一丝忧虑。想到他们的哥哥，想到绑架杀害他的那些人，年纪轻轻，个个家庭优越，不愁吃穿，为什么还是这么邪恶？他们缺的是做人的本能，缺了善良，缺了人性，他们贪念越来越重，虽然我有失子之痛，同时我也可怜残害我儿子的孩子们，因为他们一时的贪念，动了邪恶之心，犯下了死罪，也给他们家庭带来了不幸。

　　我越来越担心。于是，我每天看书，上网查信息，听讲座，带宝宝去各家早教中心听课，努力学习，最终发现教育是最重要的。中国有句古话叫三岁看大。同时国内外的资料均显示，三岁以前是孩子性格形成的最关键时期。因此，我不假思索地加入了"幼儿早教"行列，干起了教育，我要从孩子根做起。我放弃了我原有的广告公司，专心学习幼儿教育知识和技能，要发奋做一个育儿专家，尽我之力，哪怕改变一个、两个孩子……让他们从小学会做人，爱他人，敬他人，善良待人、待事、待物。从我做起，人人有责，担起育儿义务，影响更多人加入早教的行列，让更多的家庭得到原生态的幸福，这样所有的孩子就能够身处在安定祥和的社会中，绽放笑容、快乐地成长，不希望我们家的悲剧再次发生。

　　在此，希望以我的伤痛来帮助部分孩子健康成长，也希望所有的家庭有着幸福的未来，我会关上我这泪流不止的大门，也给我不幸的孩子在天之灵以很好的告慰。孩子，爸爸对不起你……

第六章

全副武装——七大武器，决胜战场

七大武器7——拜图腾

第七章

传播战役——
四轮驱动，立体攻击

对于很多成长型企业来讲，由于其机构不够健全，因此都在谈论一件事情：如何进行营销战争的落地操作。这也确实是一个重要的问题，品牌创意得再好，如果不落地，都是无效的。

然而，一涉及落地，就意味着花钱，这对于广大成长型企业来说，就是一个令人头疼的问题。那么，还有没有低成本的思路呢？我认为，四轮驱动，就是从推广传播领域去坚持倡导低成本的战略指导思想。通过精心谋划，借助互联网时代的自媒体等手段和工具，在传播上依然可以做到低成本、快营销的奇胜效果。

说到四轮驱动，都是大家熟悉的概念，似乎没有什么新奇之处。比如我们的公关联动、媒体推动、广告撬动、促销卖动，其新奇之处在于其指

第七章

传播战役—— 四轮驱动，立体攻击

导思路。如果仅仅把媒体推动理解为找媒体进行广告投放，这其实不是什么奇胜效果。只要坚持奇胜的道路，这四轮驱动是可以帮助我们的成长型企业化腐朽为神奇的，达到积小胜为大胜的效果。

谈到推广，尤其是在互联网时代，每个阶段都有议定的话题在炒作中，吸引着我们的注意力。但是，经过事后的挖掘、曝光，我们发现，所有的现象依然都是营销现象。

比如，最近流传的泰国虎庙事件，引发了很多关注，但却是充满了营销思维的事件。由此得出的启示是，企业的推广是可以用多方位、网状立体的思维去做的。归根结底，四轮驱动还是需要运用前文讲到的五独俱全标准。只要做到了五独俱全，四轮驱动就能达到奇胜的效果！

实际上，我们的企业家完全不用担心成本问题。优衣库事件的出现，就为低成本、快营销的四轮驱动传播，树立了一个很好的范本。

同样，美国著名小说家毛姆的成名事件，也给了我们不少启示（见图33）。

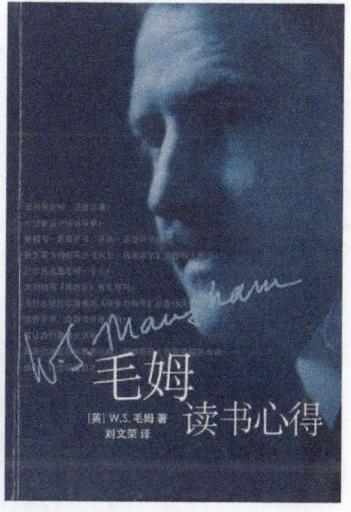

图33 毛姆成名背后的故事

117

营销诡道
成长型企业市场销售谋略实录

　　毛姆在还没有成名之前，写了一本小说，但是很少有人关注。但是，他给自己一位富商朋友搞了一次征婚活动。在征婚启事上就写道，这位富商朋友准备过些平稳的日子，所以要找一位终身伴侣。这位终身伴侣的性格，就写在毛姆写的那本小说里面。就是这样一个简单的征婚启事，让毛姆的小说得以畅销起来。

　　所以，我们认为，对于广大成长型企业来讲，花大钱去请明星打广告的效果，通过一些低成本的办法一样可以实现。

　　甚至，我们可以说，一切企业成功的背后，都是营销的成功。这一点，我们可以从《百鸟朝凤》这部电影的成功来加以理解。这部电影的拍摄者是张艺谋和陈凯歌的老师吴天明先生，被称为先生的绝唱，但是票房一开始却极为惨淡，几乎赔得血本无归。可是，后来制片方通过下跪的简单举动，引发了很多人的关注，一下赢回了数千万元的票房。

　　这个事件引发我们深思：一直以来大家都认为，拍电影需要花费很多的钱，几乎制作费的一半都是用于宣传的。但是，《百鸟朝凤》的成功仅仅依靠一次下跪，几乎是零成本，就达到了其应有的良好营销效果（见图34）。

第七章
传播战役——四轮驱动，立体攻击

图34 《百鸟朝凤》的低成本营销策略

这再次说明，所有成功的背后，都是营销的成功，是低成本的成功、是出奇的成功。

当然，所谓的出奇，不是那些华而不实、脱离生活实际的搞怪，而是将常规的东西赋予新意。就像我们中国的杂技，大家想一想，为什么我们的杂技几乎都能得到国际第一的奖项？按理说，没有多少声光电的高科技，就是骑骑自行车、顶顶盘子。国际评委为什么要选择中国杂技呢？就是因为他们将生活中的东西玩得超乎想象，既在情理之中，又在意料之外！

119

营销诡道
成长型企业市场销售谋略实录

在我们的四轮驱动之中，无论广告、公关、促销还是媒体，并不一定是大制作、高投入，我们认为万物皆备于我，一切都可以为我所用。就如同越是武功好的人，越是出门不带武器。因为他们信手拈来，都是武器。就像黄飞鸿带的只是雨伞，叶问拿的也只是鸡毛掸子。

对高手来讲，什么东西都可以为我所用，都可以作为武器。在低成本的营销思路看来，任何事物都可以拿来达到良好的营销效果。

第七章
传播战役——四轮驱动，立体攻击

一、公关联动，造声势拉客户

在一般人的心目中，公关是一个陪吃陪喝的负面词语。其实不然。我们认为，公关是架构在企业品牌和消费者之间的友好纽带，是扩大影响的利器。甚至有人将其排在广告之上，认为公关第一、广告第二。无论如何，公关是营销的重要武器之一。

要做好公关，必须要配合好之前讲到的四大战略和战术。比如，防御型公关，就是一种最适合树立企业形象的公关手段。

防御型公关，可以运用公益活动、业界颁奖、主持论坛等，来为企业加分，奠定企业"江湖带头大哥"的身份。比如，中国的某家著名保健药业公司，组织去西藏清捡垃圾，就是典型案例。

相比于防御型公关，进攻型公关则要造声势、拉客户。有一家方便面公司所做的"万人大试吃"，就是一个典型的进攻型公关（见图35）。方便面试吃，能花多少钱呢？顶多五万元，就可以造出很大的声势。

但是，这个万人试吃活动，在拉客户方面，还是打偏了。因为万人试吃，并没有将方便面的消费群涵盖其中，比如加班族、宅男、旅途者，对于这个试吃活动是不感兴趣的。相反，那些跳广场舞的大妈、买菜的保姆，反倒成了最大的受众。

营销诡道
成长型企业市场销售谋略实录

图35 进攻型公关：方便面"万人大试吃"

如果我们试想一下，将这次活动移到春运高峰期的火车站，为回家的民工免费提供，在拉客户方面的意义，就非比寻常了！

相反，我们全案服务的JUST US，因为其消费群是大学生消费群体，为了造声势和抢客户，我们专门在长沙搞了一次"千人接吻大赛"（见图36），既叫好也叫座。而且花费成本不到3万元，吸引了7万人的围观，湖南卫视还进行了专门报道，真正做到了低成本、快营销的奇胜效果。

第七章
传播战役——四轮驱动，立体攻击

图36 JUST US 的"千人接吻大赛"

至于游击型公关，则要求会炒作、爆眼球。因为打游击战一般是跟竞争对手悬殊太大的企业，所以无论正能量还是负能量，关键有能量就可以，这就是奇胜营销要达到的推广效果。

我记得，河南信阳的一家采茶公司，通过招聘采茶女红遍了天下。按理说，招聘员工是每家公司都会做的事，可是什么时候听说过通过招聘能让公司出名的呢？这家公司就做到了，原来它在招聘时，出奇地要求应聘者必须是处女。这种行为虽然是负能量，但是从营销的角度讲，能区隔同类、引发关注，达到了奇胜营销的思维。

同样，当年的熊胆事件，虽然也是负能量满满，但是这也只是人们在不消费熊胆时才有此认识。一旦真需要消费熊胆，这家活体取熊胆的公司，

营销诡道
成长型企业市场销售谋略实录

必然成为首选。

而优衣库事件负能量爆棚，从营销的角度讲却让人赞叹不已，其奇胜效果直接让优衣库实现了拜图腾的效果。据说，目前的三里屯优衣库已经成为游人合影留念的胜地。这也是游击型公关会炒作、爆眼球的经典案例。

最后的侧翼型公关，我们称之为跟热帖、巧借力，就是如果企业根本无法挑起一个关注，跟热帖不失为一个好的办法。在这方面，我认为，没有哪家企业能与杜蕾斯媲美（见图37）！他们真的做到了心中无剑，万事万物为我所用。比如，我知道林丹出轨的事件，并不来自新闻报道，恰恰来自杜蕾斯的广告群发。同样，按理说，双十一跟杜蕾斯有何关系呢？结果人家同样能跟得上节奏！

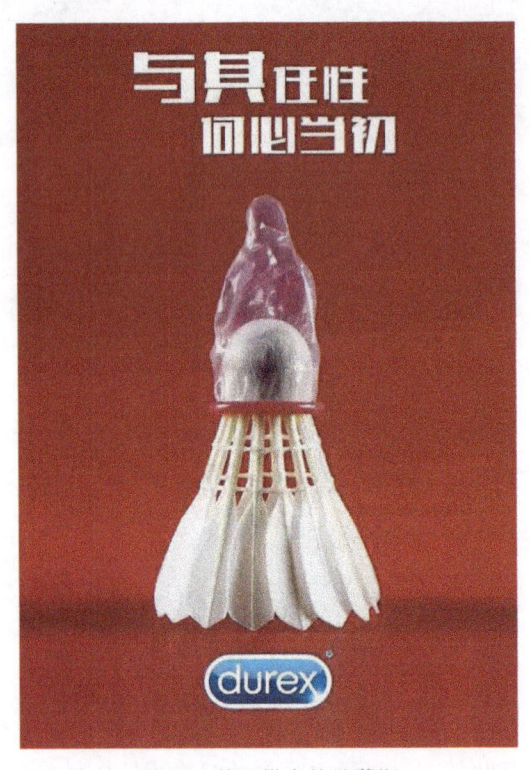

图37　善于借力的杜蕾斯

第七章
传播战役——四轮驱动，立体攻击

这说明，我们企业市场部的人员，一定要高度密切关注当下的热点，把广告巧妙、幽默地注入进去，这自然对我们广告创意人员提出了更高的要求，必须活在当下，不被时尚所淘汰，高度关注社会、切入社会。

二、媒体推动，精确打击

讲到媒体，很多企业家都觉得有不敢奢望之感。你看，央视的一个春晚招标，动辄几百亿元，似乎媒体跟我们企业就不在一个平台对话了。但是，我们依然坚持奇胜营销的观点，低成本的媒体策略是完全可以做到的。其实，就算美国打伊拉克时，为了让自己的士兵记住对手战犯的名字和容貌，虽然传播度极难，但是那么富裕的美国使用的却是扑克牌，坚持的是低成本思维，还在士兵百无聊赖时达到了娱乐的效果，润物细无声。

在我看来，在媒体推动方面，企业最省钱的方法就是精准。因为大部分媒体根本不精准，尤其是电视广告。对于我们企业来讲，永远是"二八法则"，只有一小部分观众才是自己的用户，只有走精准路线才能省钱。比如，大众点评之所以成为互联网时代的新宠，就是因为精准，甚至可以将消费场所定位到 100 米以内。

一直以来，我都认为，媒体一定要在离消费者最近的地方出现。若干年前，我给中国石油做策划，最开始想到去加油站做广告。但是，我还是觉得不够精准。后来，我观察到，很多司机会在倒视镜上挂平安铃。于是，我们就请了一个香火鼎盛的寺庙的方丈对平安铃进行了开光，则让进站量增加了 40%。对于中国石油这样的大牌，别说是增加 40%，就算增加 4%、0.4%，都已经是成功案例了，我们大获全胜！不过，这个案例我们借用了宗教，现在想来效果虽好，但是考虑还是有所欠缺，以后应更加慎重（见

第七章
传播战役——四轮驱动，立体攻击

图38）！

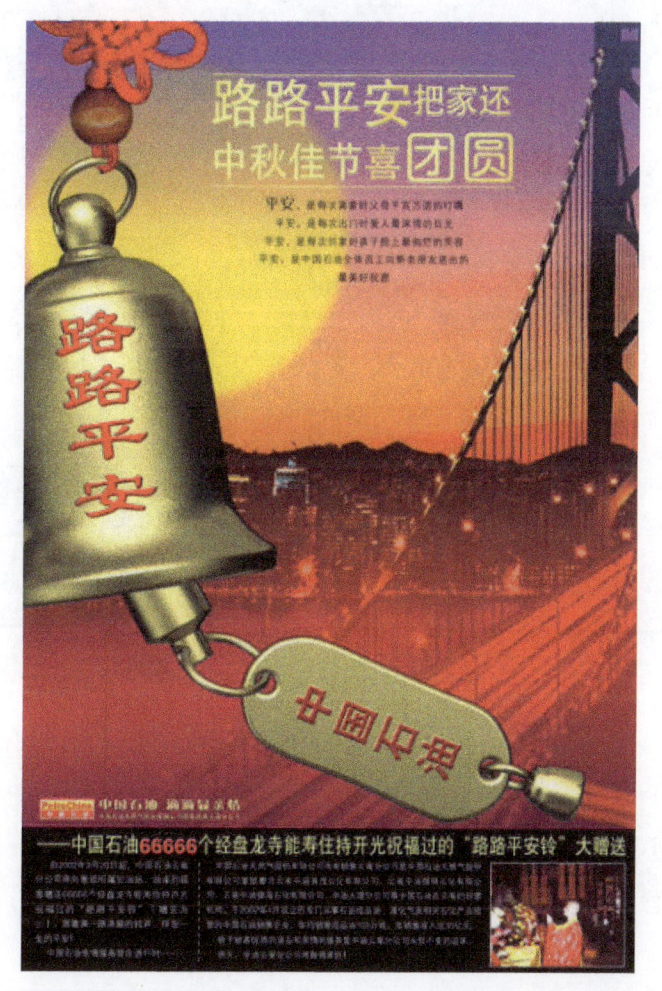

图38 中国石油平安铃：在消费者最近的地方出现

其实，如果一家企业有自己的员工服装，完全可以利用"军装效应"达到很好的媒体推动效果。比如，我们哪怕是去打 1~1.5 米高的灯箱广告，一个也要花上 1 年 1 万元的广告费。但是，就像我们服务过的佳园装饰公司，800 名员工的工作服上全打上佳园的广告，就等于省下了 800 万元的广告费（见图39）。

127

营销诡道
成长型企业市场销售谋略实录

图39 佳园装饰公司的"军装效应"

但是,有些企业却会反问,我们已经统一了员工着装,怎么没有达到那么好的广告效果呢?这就是我说的"军装效应",就是说只有你的公司员工才这样穿。企业要想达到这种效应,就必须在服装上出奇。

当年,佳园公司有一个员工,曾经在厕所里签单40万元。原来,当佳园的"军装效应"出来后,整个城市都知道这是装修公司的员工。正好有一次一个老板上厕所,遇到了这个员工,就签下了这样一笔大单。由此可见,服装也可以做成媒体。

其实,专卖店的门牌设计、装修风格等,都可以成为媒体,成为星星之火一样的传播利器。就像海底捞一样,很多人之所以知道它,是因为看了一本书——《海底捞你学不会》,书也成为了媒体。此外,一个网红、

第七章

传播战役——四轮驱动，立体攻击

一个购物袋，都可以成为媒体，在奇胜的思维看来，万事万物都可以成为媒体。

当然，媒体推动一定也要符合五独俱全的标准，比如，我们曾经把一个传单设计成了汽车罚款通知单，效果倍增。

我们有位朋友，在深圳做金融的，他们这个行业非常注重玩圈子、玩社交。于是，他就在名片上出奇了：把自己的名片做成了银行储蓄卡，在社交时把这个"储蓄卡"递上去，相信所有人当时都会有些小激动吧！但是，仔细一看，又跟他所从事的行业相关。这再一次说明，媒体是可以无处不在的，只要善加利用，万事万物都可以被巧妙地运用为媒体推广的利器！

营销诡道
成长型企业市场销售谋略实录

三、广告撬动，病毒传播

一直以来，我都认为，奥美广告公司的创始人大卫·奥格威给了我很多的启示。

一个服装广告，如果仅仅知道去请一些服装模特，俊男美女，那么进商场一看，大家都是这样的。

但是，大卫·奥格威服务的海森威衬衫广告，就请了一个戴眼罩的"独眼龙"大叔来当模特，就绝对是出奇制胜的妙招（见图40）！

图40 大卫·奥格威的"独眼龙"模特

第七章
传播战役——四轮驱动，立体攻击

当然，广告撬动还是要根据前述的战略战术具体展开：

防御战广告，还是以增进好感和信任的形象广告为主："金六福——中国人的福酒"、"中国梦，梦之蓝——洋河蓝色经典"、"开心购物家乐福"。

进攻战广告，涉及与同类的比对，区隔同类，打击对手，引发关注，关联产品，具有明显的攻击性："不是所有大自然的水都是好水，我们搬运的不是地表水"，恒大冰泉广告的攻击对象十分明显，可惜它没有坚持这个策略；"全国销量领先的红罐凉茶"，加多宝对隔壁老王的打压从来没有停止过……

至于游击战，则以吸引受众关注广告主或产品为主要目的，实现五独俱全之中的关联产品标准。

而侧翼战，则要做到润物细无声，能够省钱，就尽量省钱。哪怕是一个包装、一个微信表情，也可以用来提醒大家对其有好感。

营销诡道
成长型企业市场销售谋略实录

四、促销卖动，坚守本我

在我的营销实战生涯中，不乏成功的案例，但在我刚入行的时候，也确实有过教训。当时，可口可乐想要进入云南地州农村市场，搞一个促销活动。我到农村调查后，认为文化生活是很匮乏的。

于是，我就"直拳思维"了，想到了搞一个 DISCO 晚会，组织一个外国乐队到农村去演出。演出效果空前，当时要求只要买两罐可乐，就可以进来跳 DISCO，影响极为热烈！

但是，当我们把这个策划资料报到可口可乐公司时，当时市场部的人直接否决了。我们觉得很奇怪，这么反响热烈的一次活动，为什么会被否决？我们得到的答案是，不符合可口可乐的性格。我第一次知道了，产品也有其性格。就如同茅台酒就像国家干部，五粮液就像"暴发户"一样。

那么，为什么摇滚音乐会不符合可口可乐的性格呢？该市场部负责人回答我们说，那是百事可乐的风格。当时，我才醍醐灌顶，直到今天依然觉得深受教育：一个产品，非得要极端化，不然无法生存下去。

确实，我们仔细观察一下就会发现，可口可乐请的大多是明星代言人，都是体育运动员——姚明、刘翔、郭晶晶……而百事可乐的代言人，则以娱乐明星居多——王菲、周杰伦、郭富城……可口可乐请乔丹，百事可乐就请杰克逊（见图41）。

第七章

传播战役——四轮驱动，立体攻击

图41　百事可乐与可口可乐的性格差异

一定要让产品保持一种性格！不然，花了钱还没办事，既不利于传播，也不增进销售，赔了夫人又折兵，又何苦呢？

所以，我们认为，一定要根据自己产品的性格来进行促销。

在此基础上，对于防御型促销，阻击更为重要。我有两个学生，很好地运用这个办法，巧妙地阻击了对手。其中一家是做珠宝的，竞争对手即将在年后到其主场开店竞争，于是想了一个办法：让消费者找银行按揭购买珠宝。于是，很多正在等待观望的人，就在它们家买了珠宝。等到它的竞争对手进来以后，很多主力消费群因为买了珠宝，就对其产品产生了抗

营销诡道
成长型企业市场销售谋略实录

体，一直生意不好。

而另一家卖家具的企业，得知竞争对手将要搞一个高大上的家具卖场后，在我们的课堂上如法炮制，回去就照葫芦画瓢，以低廉的价格、按揭的模式，把家具卖给正准备消费的人。等到竞争对手建好了高大上的家具专卖店，半年都没有生意，最后以倒闭结束！

进攻型促销之中，让利跟打折是永恒的主题，关键是做出自己的性格，做得有趣味，对品牌有积淀效果。比如，我们为某房地产公司做的促销方案"买一方送一方"，绝对是一个很爆眼球的刺激性促销方案。

当然，这绝不是指的买一平方米的房子，就送一平方米的房子，那样的话，公司就倒闭了。客户来了之后，我们告诉他们说，送的是一方木地板、地毯等，任由选择。真心诚意要买房的人，也肯定知道不会送一平方米的房子，这只是为了增加乐趣，同时还能将客户从竞争对手那里抢过来，促销就成功了。

我们的花吃菌煮，之所以能迅速在上海大众点评的云南餐馆里排到第一名，绝对靠的不是水军，只是因为客户在要求我们让利打折时，给消费者提了一个小小的要求：在大众点评上给我们美言几句。有时，我们还会要求消费者在店里拍照发到朋友圈，@10个朋友后，就会获得我们赠送的精美小吃一份。其实，这些活动，很多餐厅都在做，但不是每家都会像我们一样去要求顾客。正是在这些细节之处，奇胜营销的思维才更见功力！

这再次说明，消费者是被要求、被教育出来的。这一招很简单，但是却贯穿了奇胜营销的思维。

以上都是奇胜营销的精髓所在。一切思维、行为，都要在这个方面下功夫，处处留心皆学问，万般造物皆功夫。做生意、开公司，本身就是一场修行！只要下足功夫，必有结出正果的那一天！

结 语

《营销诡道》的书稿写完了，但"奇胜营销"的很多思维工具和方法，还在众多成长型企业的运用中，不断完善！

所以，我想借这个机会，再次提醒各位正在征途中奋战的企业家：

市场不相信眼泪，市场不同情弱者！你唯有拥有强大的内心和清明的判断力，才能在诡计多变的当今市场环境中，与"狼"共舞，与"魔鬼"打交道！

其实，说战胜对手，是把对手作为一个借鉴，作为判断前进方向的坐标，让自己得到真正的锻炼和成长。实际上，真正能够突破的，还是我们自己。

正如我在"奇胜营销"课堂上和大家开的那个玩笑一样，对于那些实在打不败的对手，你就要保持一个良好的心态和健康的身体，活得比它长。企业活下来就是一切，活下来就有希望！

而"奇胜营销"教给大家的，就是选择正确的战略，用好七种武器、五独俱全。这样，至少自己不会死。只要自己不死，就有卷土重来的机会。

在牢牢掌握这些武器之后，还要升华，不是一次七种武器就定格了。

千万不要把武器当作一成不变的东西。你首先要掌握这套方法，然后兵无常势、水无常形地运用下去。唯有这样，你才能不断完善和强大！

营销诡道
成长型企业市场销售谋略实录

这一点，恰恰是"奇胜营销"的精髓所在："奇胜营销"是讲诈术，但诈术一旦实现，就不再是诈术！

诈术是对企业的更高要求，促使企业朝着当年夸过的海口奋发前进！你说自己是世界一流，那你就真朝着世界一流去发展；你说自己是中老年离不开的产品，那你就真照着中老年离不开的方向去做。

实际上，这就要求我们让自己变得更完美、让自己的企业变得更完美。你现在垂头丧气，没有做到你应有的高度，那不是你自己，那是失败的你。

企业也是如此，掌握了奇胜营销的方法和武器以后，不断在"战争"中磨砺、完善和提炼！这就要求我们的企业，尤其是企业的领导人，在日常工作中亲力亲为，在磨砺企业的同时，也磨砺自己。

我在"奇胜营销"的课堂上常讲，有的人认为经营公司要修行、要出世、要吃素，我认为那些都是不重要的。你把公司做好，所有要修行的东西都在其中了。日常劳作，恰恰就是企业家的修行大道！

也只有这样，我们方能在"乱市"，把市场作为道场、把工作作为修行！

也只有这样，我们才能具备坚定的信念，运用奇胜营销的战略、战术和武器，顽强无比地生存下去，使自己变得更完美，让企业变得更强大！

《营销诡道》"联合发起人"名单

我们是《营销诡道》的联合发起人！
作为中国广大成长型企业的代表，我们与张晓岚老师一起，直面"乱市"营销的常态，结合自身与市场现状，制定了"出奇制胜"的营销战略、战术，运用七大武器攻城略地、直捣黄龙！
我们深信，《营销诡道》的系统实践谋略，必能帮助到更多的中国成长型企业，在乱市杀出重围，赢得美好的未来！
我们是：

《营销诡道》联合发起人
苟联惠
重庆申仑机械制造有限公司
世上无难事 只怕有心人

《营销诡道》联合发起人
段小莉
易建100建筑猎头创始人、CEO。快乐工作的创造者，幸福生活的追求者！

《营销诡道》联合发起人
郭永红
维尔利集团董事长兼总裁
1994年毕业于河北农业大学，曾在国营单位任职，后下海从事销售工作，2001年创办了哈尔利公司，十五年来一直致力于动保行业的创新和发展，坚持做动物健康事业的行动派，终身体力行。

《营销诡道》联合发起人
剪兆华
北京博亮木业有限公司营销总监
广东京国集创家居用品有限公司营销副总
北京京国家用用品有限公司总经理
北京伯艺铂丽木业有限公司董事长助理

《营销诡道》联合发起人
李俊呈
美洛尼国家家居创始人、CEO。从事家具行业二十余年，于2005年成立美洛尼国家家居，并以成为客户心目中的一流家居企业为目标，为客户定制私属的生活空间贡献力毕生的奋斗力方向努力！

《营销诡道》联合发起人
苏志勇
2004年创立北京盛世华人物流有限公司担任公司董事长
2011年创立北京盛世华人供应链管理有限公司任董事长

《营销诡道》联合发起人
王 楠

《营销诡道》联合发起人
吴茂鸿
北京瑞景鸿园科技发展有限公司董事长
鸿景移动花园及东方花道品牌创始人，中国插花高级讲师，全球设计师俱乐部花艺科研组组长。

《营销诡道》联合发起人
徐松涛
青年企业家，浙江省吉林商会常务副会长，2006年在浙江省创办了红花公司，2016年创建国保环境科技公司，现任公司法定代表人、总经理。

《营销诡道》联合发起人
许 文
草原牧道鲁牧公司董事长
内蒙古祥沃草业董事长
河北省内蒙古商会监事长
20余年餐林郭勒大草原的生活经历，专注健康商贸事业20余年

《营销诡道》联合发起人

郑威龙
兰州农光实业集团有限公司董事长。甘肃省营销专业化规范商会副秘书长、兰州农光激光服饰策划设计创始人，资北家居国际化妇儿主题团队及子中心创始者。我曾获民族商业经营部等奖，中国整形美容行业领军人物。

赵清秀
南京蝶螺坊布艺品牌创始人，执着于对美的追求，精研于家居设计，通过代理国际优秀软装品牌公司的模式，成为南京软装行业中的佼佼者。

雷龙丽
贵阳营霜纯色摄影连锁董事长。全国直辖六家旗舰店、两蒙维庆分公司，一家美妆商学院、三家儿童摄影，贵阳最大化妆团队。

潘文成
名之成美业集团董事长
云南省美容美发协会副会长
中国教导型企业十大践行企业家

王百山（善者）
福建奕好网络科技有限公司、厦门瓷都电子商务有限公司董事长
20年实业销售管理经验
本色低互联网教父
中国首家致力于本色纸市场化的企业创始人

张志红
南京华航商务服务有限公司董事长

孟俊同
同鑫陶瓷董事长。2007年创立了辽宁同鑫瓷业有限公司。凭借着坚强不服的能力和科学管理，使同鑫陶瓷已成为行业瞩目的佼佼者。

邓承强
拓天装饰品牌创始人，中国装饰界最具价值力的魔力小生，中国装饰界最具创新力的CEO。

胡群山
陕西省标识协会副会长，西安市万舜广告装饰有限责任公司董事长，三岁看大早教创始人。

刘郗元皓
上海皓焊信息技术有限公司总经理 带你装遍带你飞项目创始人，法国在校留学生，法国皮卡第大区导游

邹运义
武汉宏丰建筑防水装饰有限公司董事长，湖北鸿鹏防水科技有限公司董事长，建筑防水专家，专注建筑防水三十年。

文高永权
湖南众娃文化传媒股份公司董事长
97年入行人传媒，于海南、湖南等地媒体广告行业20年，8年传媒网络B企业经验和媒体跨界广告行业，打造"湘字号"文化品牌，树立业界标杆！

还有更多发起人在陆续加入中，感谢所有联合发起人！我们一起推动更多伟大品牌走向世界！

张晓岚营销策划中心
ZHANG XIAOLAN STUDIO MARKETING MANAGEMENT
[广州—上海—昆明—海南]

  张晓岚营销策划中心，致力于营销策划、广告创意、影视广告创作等全过程营销策划推广服务，在广州、上海、海南、昆明四地拥有连锁机构。公司创始人张晓岚先生是中国资深的广告人、中国十大影视广告导演、中国十大策划人、中国著名营销战略家。张晓岚先生总结了几十年的营销实战经验，创造了全新的"奇胜营销大同盟"和"奇胜营销全过程"两大有别于传统营销策划模式的革命性营销策划体系。每年近百家企业的深入走访研究，深度培训、观念融合、跨界探讨、实战演练，让无数企业或品牌诞生和升华。公司成立至今先后得到中国银行、中国移动、云南白药集团、红河红云集团、盘龙云海制药集团、广东生命一号、上海万科地产、北京世纪金源地产、上海中粮地产、上海汤臣一品地产项目、广州方圆地产等全国各地优秀客户的认可与合作，并相继获得过中国广告节金奖、国际影视大奖赛十大广告奖、美国艾菲营销奖、中国元素奖等多项广告营销界的荣誉。

张晓岚营销策划中心企业精神文化

我们的愿景： 成为世界最具销售力的营销创意智库

我们的使命： 通过全过程奇胜营销教练模式，让千家成长型企业快速发展为行业巨擘

我们的精神： 敬天爱人、行知无疆、创意归真、明辨笃行

我们的核心价值观：

客户服务价值： 发扬专业精神，为客户提供101%超值服务

个人成长价值： 健美、喜悦、进步、富足

团队价值： 和有情有义的人一起奋斗有意义的事

张晓岚营销策划中心
ZHANG XIAOLAN STUDIO MARKETING MANAGEMENT
[广州—上海—昆明—海南]

加入我们

你总是在无休止的比稿和改稿中疲于奔命？我们却从不比稿，并带领客户一起策划一锤定音。

你有满脑子创意和丰富经验却苦无展现平台？我们有企业大同盟让你随时站上讲台尽情发挥。

你很努力地工作却无法获得他人尊重？我们却正被众多企业家尊称为老师。

你想扩大你的圈子人脉却找不到突破？我们早已经与各行各业的精英跨界学习。

你的工作总是单一沉闷毫无朝气？我们却以游遍全国工厂为乐，吃各地美食交各方友人。

你没有成长和培训的机会？我们这里没有差别待遇，你能时刻享受着与企业家同等待遇的专业培训。

你觉得自己专业不精无法成为行业专家？我们有企业全过程营销策划，可以让你深入探索每个行业不为人知的奥秘。

……

想了解更多请搜索微信公众号：张晓岚营销策划中心

备注：请将个人简历发至1462333605@qq.com，本公司将根据具体情况电话联系。

因为我们正在走向世界
我们坚信我们的客户都能走向世界
正如我们自己也渴望成功
我们相信我们的客户都能成功
同时也浪费他自己的金钱
败坏我们的名声
否则只会浪费我们的时间
我们只服务胸怀大志的客户
而在于胸怀
客户的大小不在于实力

[为中国品牌畅销世界而奋斗]

如何订阅：
扫描右侧二维码 → 通讯录添加 →
查找公共账号：张晓岚营销策划中心
或搜索微信号：vxzhangxiaolan1967

如何分享：
点右上角 → 分享到朋友圈或推荐给朋友

企业不学习必灭亡　唯学习方永生

认准好书互联　本本实效畅销

封面	书名	内容简介	扫码购买
	《以负开始》	"互联网+"时代，传统行业必须重构"杀手级"商业模式，在负环境下动力再启。本书是李践与1220位企业家"互联网+平台"战略实践的总结，帮助传统企业找到转型升级的路径！	
	《效率改变中国》	本书揭示了"效率"秘密——"效率两翼图"，让企业找到突破增长瓶颈的路径，全书十大原创观点和七大思维模型，为企业导入效率DNA，建立效率系统。	
	《傻认真》	认真的极致是执着，执着的极致是成功。"傻认真"不仅是一种职业精神、一种品质，更是一个伟大企业的基因。	
	《效率教练》	在互联网经济时代，效率成为制约成败的关键因素。管理者需要掌握教练技术，成为效率教练。本书包含了五项管理效率系统的实践方法，为企业培育高水准的效率教练。	
	《高绩效人士的五项管理》	图文并茂，通俗易懂，教你如何会做人、做对事，是职场人士的基本能力书。	
	《28天绩效能力倍增》	本书是五项管理的实践手册，以随书教练的方式，用最简洁的语言，最轻松的图文，带领你度过不一样的28天，让你具备成功人士的基本能力。	
	《招才选将》	企业成功的第一步是选对人，选对人才能出成果。选什么样的人、如何选人是企业老板和人力资源部门面对的首要问题。	
	《砍掉成本》白金版	用战士的语言讲述战斗，简单直接、句句实用，增加利润从降低成本开始。	
	《定价定天下》升级版	高成本时代，谁掌握定价策略，谁将获得最大利润！	

企业不学习必灭亡 唯学习方永生

认准好书互联 本本实效畅销

封面	书名	内容简介	扫码购买
	《管理越简单越有效》	图文并茂，为企业和管理者们提供了一系列化繁为简的方法和工具，教你如何理解简单、做到简单。	
	《解码转型》	引领企业商业模式升级三大路径、互联网+ 创新和转型，企业竞争四大层级，转型方法论及实操案例，适合高管读书会。	
	《营销诡道》	成长型企业市场销售谋略实录，全过程，低成本，快营销，出奇制胜营销系统建立，七大武器客户是操作案例适合全员读书会。	
	《日经营》	增长的终极密码，组织变革的精髓日经营三步曲及落地方法，适合全员读书会。	
	《财务三驾马车》	一眼看穿运营风险3大关键数字，一针见血作对决策10大核心工具，一劳永逸轻松管理，通过财务管控提升企业盈利能力，资产效率，降低经营风险，适合高管读书会。	
	《成交攻略口袋书》	找对客户，接触客户，感动客户，成交客户，服务客户 适合销售全员学习。	
	《绩效增长》	增利润，挖潜能，建系统，向绩效管理要利润的中国实践 适合高管读书会。	
	《决不销售》	来自一线，真诚务实分享方法，想销售屡遭拒绝，想成交一无所获，客户到底想要什么，答案就在书中，适合销售全员学习。	
	《一句话改变一生口袋书》	态度决定胜负，思维改变命运，坚持成就梦想，挫折铸就成功，创新创造机会，适合全员学习。	

企业不学习必灭亡　唯学习方永生

认准好书互联 本本实效畅销

封面	书名	内容简介	扫码购买
	《行动日志》	高效管理，绩效增长的落地工具，一年一本，适合全员使用。	
	《要么品质要么死》	品质是企业的生命线，品质=品牌，本书详细分享提升品质15个绝招，适合全员学习。	
	《做自己想做的人 漫画版5本》	做乐观积极的人，做达成目标的人，做高效率的人，做会学习的人，做行动的巨人。	
	《领导力 套装4本》	西点军校和哈佛大学共同讲授的领导力课程，领导力21法则，中层领导力自我修行篇，团队建设篇。	
	《老板轻松管 套装6本》	老板轻松管员工，绩效，财务，税务，流程，预算管理。	
	《决不拖延》	有趣的故事、平实的语言，发人深省，一看便懂，帮助读者解决现实中拖延、低效的病症。	
	《五项管理口袋书》	心态管理，目标管理，时间管理，学习管理，行动管理 精华阅读，适合全员学习。	

企业不学习必灭亡　唯学习方永生

认准好书互联 本本实效畅销

封面	书名	内容简介	扫码购买
	《高效人士五项管理行动日志》	本教材用生动简单的语言，教会我们使用管理工具，高效行动。什么是五项管理？如何使用《行动日志》？怎样让我们改变思维、行为，养成高效的习惯？李践一一为你讲解。	
	《中国好员工》	员工效率的提升，才是企业高增长的有力保障。本教材集"听说做"三位一体，现场视频学习+现场分享+课后考试，当场看到员工培训效果，帮助企业建立完善的学习培训系统！	
	《互联网时代商业模式创新》	互联网浪潮扑面而来，传统企业应该如何重新选择战略定位？如何重新进行资本设计？如何重新构建商业模式？如何重新进行组织创新？本教材指出了一系列切实可行的方法和路径！	
	《提升品质》	"品质"是企业的生命线，重视品质、提升品质是强企之本、强国之根。李践通过多年企业实践，总结出15个提升品质的具体方法，一听就明白，一用就见效！	
	《中国好主管》	本教材是李践老师培养核心高管的内部教材，从数字思维、带团队和做决策三个角度，全面提升主管的管理能力，实战、高效！	
	《成本领先战略》	让企业从无利润到有利润，从低利润到高利润的战略路径，适合高管学习。	
	《绩效的力量》	让每个岗位成为利润的发动机，四大飞轮系统案例落地，实操工具方法，适合高管学习。	
	《绩效飞轮》	绩效管理就是企业的利润管理，李践老师告诉你绩效飞轮具体步骤和方法，常见问题，企业绩效实战问答，适合高管学习。	
	《招才选将》	人才招选前守好入门关，招选中广招慎选，招选后后三大协议，提供招选流程、渠道、方法，人才胜任力模型，人才评估标准　适合高管和人力资源学习。	